AR FÔR TYMHESTLOG

AR FÔR TYMHESTLOG

Rhwyfo dau gefnfor

Elin Haf

Argraffiad cyntaf: 2010

(h) Elin Haf

Rhif rhyngwladol: 978-1-84527-308-8

Mae'r cyhoeddwr yn cydnabod cefnogaeth ariannol
Cyngor Llyfrau Cymru

Cyhoeddwyd gan Wasg Carreg Gwalch,
12 Iard yr Orsaf, Llanrwst, Conwy, LL26 0EH.
Ffôn: 01492 642031 Ffacs: 01492 641502
e-bost: llyfrau@carreg-gwalch.com
lle ar y we: www.carreg-gwalch.com

i'm neiaint a'm nithoedd
Ilan Aled, Dafydd Robert, Heledd Wyn, Non Wyn,
Gwion Tomos, Sara Fflur, Sion Gwilym a Catrin Ann,
ac i'm mab bedydd, Rhun Llwyd, a'i frawd, Ynyr Llwyd –
gan obeithio y cewch chithau'r cyfle i wireddu'ch breuddwydion,
beth bynnag y bônt

Diolchiadau

Mae gwneud rhestr o bobl i ddiolch iddynt yn beryglus, rhag ofn i mi adael rhywun allan, ond mae'n rhaid cydnabod y canlynol: Lucy Jameson, Jo Bardoe, Mike Baker, Frank, Clwb Hwylio Hayling Island, a Jamie Hopkins, a phawb ym Mapeley am fy ngalluogi i wireddu'r freuddwyd gyntaf.

Diolch i Sarah Duff, Joanna Jackson a Fiona Waller am y cyfle i gael bod yn un o'r 'Angylion', ac i Ollie Garrigue am ei rodd ariannol at y costau.

Hefyd, diolch i bawb a roddodd mor hael at y ddwy elusen, gwaith ymchwil metabolig yn Ysbyty Plant Great Ormond Street a Breast Cancer Care, y rhan amlaf heb imi ofyn, ac i bawb a yrrodd neges i'm hysbrydoli ar y ffordd.

Ac wrth gwrs, diolch diddiwedd i Mam a Dad am eu cariad a'u cefnogaeth diamod.

Cyflwyniad

Fis Ebrill y llynedd cychwynnais ar fordaith ar draws Cefnfor India. Bron flwyddyn yn ddiweddarach yr wyf yn ymdrechu ar her sy'n galw am ddygnwch gwahanol – cwblhau fy noethuriaeth. Tydi eistedd wrth ddesg ddydd ar ôl dydd ddim yn hawdd ar ôl treulio chwarter blwyddyn yn rhwyfo dros y tonnau. Mae'r corff yn anesmwyth a'r ymennydd yn ddiffygiol wrth geisio ymgyfarwyddo efo bywyd o flaen sgrin y cyfrifiadur.

Ond mae 'na lawer o debygrwydd rhwng rhwyfo cefnfor ac ysgrifennu doethuriaeth – buddsoddi arian ac amser, diddanwch, digalonni, dyfalbarhau, a dymuno'n ddiddiwedd am gael gweld y llinell derfyn.

Rydw i'n astudio cyflyrau metabolig *lysosomal storage*, sy'n anhwylder genetig prin. Nid yw'r corff yn medru cael gwared o wastraff, sy'n golygu bod y corff yn cael ei wenwyno. Mae gallu meddyliol plant sydd wedi etifeddu'r cyflyrau hyn yn dirywio dros amser, ac ni fydd llawer ohonynt yn byw ymhellach na'u harddegau. Yn benodol, rydw i'n ceisio datblygu dulliau gwahanol o asesu atacsia, un o'r symptomau (pan fydd gallu'r unigolyn i gerdded yn iawn yn cael ei ymyrryd), yn y gobaith o sicrhau dull dibynadwy o asesu effeithiolrwydd cyffur newydd pan ddaw un.

Dyma'r afiechydon a sbardunodd fy nhaith ar draws Cefnfor Iwerydd. A dyma'r plant a roddodd yr ysbrydoliaeth i mi ddyfalbarhau efo'r rhwyfo. Yr un plant sydd wedi f'ysbrydoli i ddyfalbarhau gyda'm doethuriaeth. Wedi'r cwbl, does ganddyn nhw ddim dewis ond dygymod efo'r cyflwr a dal ati.

Nid gweithredoedd o ferthyrdod ar fy rhan yw'r rhain, wrth gwrs – y fi ddewisodd rwyfo, a fi fynnodd gael y cyfle i wneud doethuriaeth. Y fi, nid y plant, gafodd fwynhau gwyliau yn Antigua, a'm rhieni i, nid rhieni'r plant, fydd yn fy ngweld i'n graddio'r flwyddyn nesaf, gobeithio.

Mae llawer yn dweud mai cael y nerth i gychwyn ar her newydd sy'n anodd, a phan fydd y cam cyntaf wedi'i gymryd, y bydd y momentwm yn eu cario yn eu blaenau wedyn. Mae cael y plwc i ddechrau yn dod yn reit hawdd i mi; dyfalbarhau pan fydd pethau'n anodd sy'n galed. Mae meddwl am frwydr ddyddiol y plant yn arf arbennig o bwerus wrth lafurio ymlaen.

Ysgogiad effeithiol arall yw ofni methu, yn enwedig pan fydd ildio i fywyd haws yn apelio. Hynny, a phoeni beth fydd y Jonesiaid yn ei ddweud! Rydyn ni'r Cymry yn dda am wneud hynny! Fydd poeni am fethiant ac am farn pobl eraill byth yn fy rhwystro rhag cychwyn ar fenter neu her newydd, ond mae'r ddau'n sicrhau fy mod i'n dal ati.

Mae'r gobaith o lwyddo yn gymhelliad amlwg, er bod dehongli beth yw 'llwyddiant' yn destun doethuriaeth ynddo'i hun, â llawer yn ei fesur yn ôl maint eu cyflog ar ddiwedd y mis, cyflymdra'r car, gwên eu cariad neu hapusrwydd eu plant. Ond fy ffon fesur i yw cael wynebu profiadau newydd. Dyma sy'n gwneud i mi deimlo'n fyw. Fyddai dewis her y byddwn yn siŵr o lwyddo ynddi ddim yn rhoi'r un wefr. Yng ngeiriau Nelson Mandela: 'There is no passion to be found playing small – in settling for a life that is less than the one you are capable of living.' Ac wrth osod her wahanol neu anoddach rydw i'n blasu afiaith bywyd.

Mae breuddwyd pawb yn wahanol, a'r heriau i'w goroesi'n niferus. Dyna sy'n gwneud bywyd yn ddiddorol. Ac mae dull pawb o ddal ati nes gwireddu'r freuddwyd yn adlewyrchiad o bersonoliaeth ac o frwdfrydedd yr unigolyn. Wrth ddyfalbarhau i orffen fy noethuriaeth, felly, ymdrechaf i gael y bodlonrwydd o wybod fy mod wedi llwyddo i wireddu breuddwyd arall. Mae hynny'n bwysig, beth bynnag fydd y canlyniad.

Elin Haf Davies
Medi 2010

Dechrau'r daith

Years from now you will be more disappointed by the things
you didn't do than the ones you did do. So throw off the bow
lines. Sail away from the safe harbour. Catch the trade winds
in your sails. Explore. Dream. Discover.
Mark Twain

Call on God, but row away from the rocks.
Dihareb Indiaidd

Clywn y tonnau'n carlamu tuag atom, gan wasgu llaw ddur o
ofn am fy ngwddw. Oherwydd y tywyllwch dudew roeddwn
i'n methu gweld o ba gyfeiriad y deuai'r tonnau, ac achosai
hynny i mi gael fy nhaflu o'm sedd yn ddidrugaredd.
Doeddwn i ddim wedi rhag-weld y ffasiwn dywyllwch.
Roedd y cymylau'n drwchus ac yn isel, a doedd dim gobaith
i'r sêr daflu eu golau ar y sefyllfa. Pam nad oedd yna leuad
lawn i gynnig cymorth inni ar ddechrau'r daith?

Y tu ôl i mi, roedd gwawl goleuadau ynys El Hierro i'w
weld ar y gorwel, yn atgof o'r tir yr oeddwn yn ymdrechu
mor galed i rwyfo oddi wrtho. Caeais fy llygaid yn y gobaith
y byddai hynny'n cryfhau gweddill fy synhwyrau ac
ymdrechu'n dila i frwydro rhag gadael i chwaneg o ddagrau
ddianc.

Daeth ton arall ar garlam a tharo yn erbyn ochr ein cwch
bach, *Dream Maker*, gan yrru cawod o ddŵr oer Cefnfor
Iwerydd drosta i. Cymysgodd blas hallt fy nagrau a'r môr yn
un. Crynais wrth i'r oerfel yrru ias i lawr fy nghefn a chydio
ym mêr fy esgyrn. Sylwais ar Herdip, fy nghyd-rwyfwraig, yn
gorwedd yn y caban. Herdip, yr unig aelod arall o'r tîm, fy
unig gwmni am y dyddiau, yr wythnosau a'r misoedd nesaf.
Gwireddu breuddwyd? Roedd hyn yn mynd i fod yn hunllef.

Doedd prin ddeunaw awr wedi mynd heibio ers i ni adael ynys La Gomera, a ffarwelio efo Mam, Dad a Gles fy chwaer. Gadael y tri yn sefyll yn sigledig ar wal yr harbwr yng nghanol llu o gefnogwyr eraill, a finnau'n ymdrechu'n galed i fod yn hwyliog, ac yn benderfynol o ymwrthod rhag dangos unrhyw deimladau wrth gychwyn ar fy antur. Doeddwn i ddim eisiau ymddangos yn wan. Wyddwn i ddim beth oedd yn mynd drwy feddwl Mam a Dad wrth iddynt fy ngweld i'n araf ddiflannu tua'r gorwel.

Pa emosiynau, tybed, oedd yn rhwygo'u calonnau? Fe fedrwn i ddychmygu. Efallai fod 'na ychydig o amheuaeth yn eu meddyliau, hyd yn oed yr ofn na fydden nhw byth yn fy ngweld i eto. Roedd hwn yn brofiad dirdynnol. Roeddwn i'n ysu am gael bod yn ôl efo nhw. Rŵan! Taswn i ddim wedi cael cymaint o fraw ychydig oriau ynghynt, mi fyddwn i wedi troi'r cwch yn ôl tuag at y lan, yn ôl tuag atynt. Ond roedd gen i ormod o ofn bellach y byddwn yn gorffen fy mywyd yn ddarnau bach, bach o gnawd ac esgyrn ar greigiau El Hierro. Yn ein sefyllfa bresennol roedd hi'n ddiogelach i ni rwyfo oddi wrth y tir, oddi wrth gwmni Mam, Dad a Gles, a rhwyfo mor galed ac mor gyflym ag y medren ni allan i'r môr mawr a'i ryferthwy.

Roedd effaith y digwyddiadau diweddaraf hyn yn amlwg yn dal i ddweud arna i. Bu bron i mi ddioddef trawiad ar y galon pan newidiodd y tywyllwch annioddefol mewn eiliad a chael ei ddisodli gan olau llachar yn llenwi'r awyr, a hwnnw'n fy nallu'n llwyr. Roeddwn i'n siŵr mai rhyw long enfawr oedd wedi ymddangos o nunlle ac ar fin rhedeg i mewn i ni. Gollyngais y rhwyfau a chuddio fy llygaid â 'nwylo mewn poen a braw. Yna cododd llais uchel drwy'r awyr: '*Dream Maker, Dream Maker, Dream Maker* ... switch your VHF to channel sixteen.' Syrthiais dros y rhwyfau rhydd wrth drio brasgamu'n feddw tuag at y caban. Roedd Herdip eisoes yn ceisio dod allan o'i sach gysgu ac yn ymbalfalu am y radio. Roedd yn amlwg nad oedd hi wedi cael eiliad o gwsg hyd hynny yn ystod ei hegwyl, a'r blinder i'w weld ar ei hwyneb.

'This is *Dream Maker*,' atebais yn sigledig i'r radio ar ôl newid y sianel. '*Dream Maker*, this is *Zara*,' meddai'r llais eto. 'We've been tracking your course. If you continue on this course you'll be taken north of the island, and disqualified from the race. You're also at risk of being washed against the rocks. You must change your bearing immediately! I repeat, you must change your bearing immediately! Over.'

Yna, tawelwch llethol. Roeddwn i wedi fferru yn y fan a'r lle. Yn fy meddwl roedd llwyth o gwestiynau'n rhedeg ras. Sut? Lle? Pryd? Pam? Ie, pam yn wir? Pam fy mod i wedi dewis gadael cysur cartref ychydig wythnosau cyn y Nadolig a mentro rhwyfo cwch 24 troedfedd ar draws 2,500 o filltiroedd peryglus Cefnfor Iwerydd? Mentro ar brofiad ansicr ac anesmwyth. Ond roedd wythnosau o'm blaen i gysidro hynny. Ar yr eiliad honno rhaid oedd meddwl am y sefyllfa bresennol. Roedd yn rhaid canolbwyntio a gwneud penderfyniadau i'n hachub rhag y creigiau a'n cadw ni yn y ras ar yr un pryd. Yn dilyn cyfarwyddiadau ychwanegol gan griw *Zara*, ac ailedrych ar y siartiau, penderfynais ar gyfeiriad newydd. Funudau'n ddiweddarach roeddwn i'n ôl wrthi'n rhwyfo, a Herdip eto'n ymdrechu i gael gafael ar gwsg. Roedd y goleuadau llachar wedi hen ddiflannu, a'r tywyllwch unwaith eto'n pwyso'n drwm arnaf. Roedd realiti'r sefyllfa'n dechrau fy nharo, a dealltwriaeth o'r hyn roedden ni'n ymdrechu i'w gyflawni'n dechrau dod yn gliriach.

Ras rwyfo Cefnfor Iwerydd – 'The World's Toughest Rowing Race', yn ôl y trefnwyr, Woodvale Challenge. A dyma fi, merch fferm o ogledd Cymru heb yr un diwrnod o brofiad allan ar y môr mawr, a dim ond ychydig oriau o wersi rhwyfo, yn un o'r cystadleuwyr. Roedd hyn yn wallgof. Doedden ni ddim wedi gweld yr un o'r cystadleuwyr eraill ers oriau bellach, a doedden ni ddim yn debygol o weld neb eto am weddill ein hamser ar y môr. Ras yn erbyn y cloc, yn erbyn y tonnau ac yn erbyn beth bynnag fyddai grym y môr yn ei daflu atom oedd hon.

Chwalwyd fy hunanhyder yn chwilfriw. Doedd ganddon ni mo'r gallu na'r wybodaeth na'r profiad chwaith i allu cyflawni hyn. Roedd yr oriau cyntaf wedi profi hynny wrth i ni ddilyn amlinell y tir ar y gorwel yn hytrach na dibynnu ar y cwmpawd. Be wnaeth i fi feddwl y medrwn gyflawni'r ffasiwn beth? Deunaw awr, mymryn dros ugain o filltiroedd môr wedi'u rhwyfo, ac eisoes roedd y posibilrwydd o orfod rhoi'r gorau i'r ras a'r freuddwyd yn dechrau dod yn realiti. Dwy flynedd o baratoi, £63,000 o gostau – ddim ond i roi'r ffidil yn y to ar y diwrnod cyntaf un. Fedrwn i ddim ildio rŵan, fedrwn i? Beth am yr holl bobl oedd wedi'n cefnogi, ein dysgu i rwyfo, rhoi o'u hamser a'u harian i'n helpu ni i drefnu a hyfforddi ar gyfer y ras? A be am yr holl rai oedd wedi rhag-weld na fasen ni hyd yn oed yn medru rhwyfo allan o'r harbwr? A oeddwn i am siomi cynifer o bobl, a phrofi'r amheuwyr yn gywir? Canolbwyntiais ar olau bach y cwmpawd, a'r ongl roedden ni'n anelu amdani. Cywiro'r cwrs ar ôl pob ton oedd yn ein taflu ar gyfeiriad gwahanol. Dechreuais ganu emynau i basio'r amser, i foddi sŵn y tonnau ac i godi'r galon. Gwyddwn fod pethau'n mynd i fod yn llawer anoddach na hyn, ond doeddwn i ddim am ildio yn wyneb yr anhawster cyntaf, beth bynnag a ddigwyddai. Roedd gen i freuddwyd i'w gwireddu. Her i'w goroesi. Fedrwn i ddim rhoi'r gorau iddi rŵan.

O'r diwedd torrodd y wawr, a gwelwn fymryn o haul yn goleuo'r gorwel. Arwydd ein bod wedi goroesi ein noson gyntaf allan ar y môr mawr, er mai rhyw gysur digon chwerw oedd hwnnw o ystyried faint chwaneg oedd o'n blaen.

Syllais ar fy oriawr. Roeddwn wedi bod yn rhwyfo am bron i ddwy awr, felly gwaeddais ar Herdip i'w rhybuddio ei bod hi bron yn amser i ni newid drosodd unwaith eto. Yn araf, ymlwybrodd Herdip allan o'r caban; gwisgodd ei siaced achub a chlymu'r harnais am ei ffêr. Ddywedodd hi ddim byd. Roedd salwch môr wedi cydio ynddi ac roedd hi'n amlwg yn dioddef. Roedd yr olwg yn ei llygaid yn bradychu teimladau'r ddwy ohonom. Fedrwn i ddim meddwl am ddim byd i'w ddweud i godi'r ysbryd, felly penderfynais innau beidio â dweud dim wrthi hithau. Dringais i mewn i'r caban, a ymddangosai'n hynod o glyd yr eiliad honno, er mor fach oedd o. Ymdrechais i dynnu fy nillad gwlyb, wrth i mi gael fy nhaflu o ochr i ochr. O'r diwedd, gorweddais yn y sach gysgu a oedd yn dal yn gynnes o wres corff Herdip. Edrychais ar nenfwd y caban a gweld y cwpled yr oeddwn wedi'i ysgrifennu yno – o bennill a roddodd Nain imi cyn gadael:

> Ni fethodd gweddi daer erioed
> â chyrraedd hyd y nef.

Ac roedd Nain wedi ychwanegu, 'Ac mewn cyfyngder, Elin, rhed yn union ato Ef.'

Gweddïais am gael stopio crynu ac am i gwsg ddod yn fuan, a bod Nain yn ei thro wedi gweddïo drosta i yn ei phader cyn cysgu neithiwr. Roedd Nain bob amser yn gallu rhoi gwên ar fy wyneb. Byddai cwsg yn siŵr o godi'r galon a gwneud i'r sefyllfa edrych yn oleuach.

Dechrau 'nôl yn y dechrau

There are only two lasting bequests we can give our children.
One is roots, the other wings.
Hodding Carter

As is a tale, so is life: not how long it is, but how good it is,
is what matters.
Seneca

Penderfynais rwyfo'r Iwerydd yn fuan ar ôl gwahanu oddi wrth Steve, fy ngŵr. Ar ôl bron i saith mlynedd o briodas a naw mlynedd o berthynas roedd hi'n anodd dygymod â'r gwahanu, er mai fi oedd yr un a ddaeth â'r berthynas i ben.

Yng nghymuned fach y Parc, lle'm magwyd, does 'na fawr neb yn ysgaru, a doedd 'na neb yn ein teulu ni erioed wedi cael ysgariad. Roedd dygymod â'm penderfyniad bron yn amhosib weithiau, a byddai'r euogrwydd yn fy llethu. Cymerodd gryn amser i ni gyhoeddi'n agored ein bod ni wedi gwahanu, a bryd hynny roedd hi'n braf byw yn ddienw ac yn anweledig yn Llundain. Mae ysgariad yn arwydd o fethiant wedi'r cwbl, a dwi erioed wedi bod yn un dda am ddygymod efo methiant – mewn unrhyw agwedd o'm bywyd. Roedd astudio am fy 'Master's' wedi bod yn therapi effeithiol i lenwi'r amser ar ôl gwahanu, ond roeddwn i'n dal i deimlo rhyw wacter. Felly penderfynais fod y newid hwn yn fy sefyllfa bersonol yn gyfle i ymgymryd â rhywbeth newydd, rhywbeth gwahanol, rhywbeth mawr. Roeddwn i wedi beicio o Baris i Lundain, a hynny wedi rhoi blas bach ar antur i mi. Ond roedd rhwyfo'r Iwerydd ar lefel hollol wahanol. Er hynny, roedd hi'n sefyll allan fel y fenter berffaith, a fedrwn i ddim meddwl am unrhyw beth arall. Doeddwn i ddim yn gallu rhwyfo, doeddwn i erioed wedi bod allan ar y môr o'r blaen, ond roedd apêl y fenter yn llenwi fy nghalon â chyffro nad oeddwn wedi'i deimlo ers blynyddoedd.

Does dim eglurhad sut y gwnaeth magwraeth ym mynyddoedd Penllyn arwain at y dyhead o fod ynghanol y môr mawr a'i beryglon. I rywun o ardal amaethyddol fel Penllyn mi fyddai dyheu am ddringo Everest yn gwneud mwy o synnwyr! Yn blentyn, doedd Llyn Tegid a'i harddwch hyd yn oed ddim wedi fy mherswadio i ymgymryd â chwaraeon dŵr. Ond yn ddeuddeg oed, mae gen i atgofion byw o freuddwydio am groesi'r ffin a chael mynd i weld y byd, pob cornel ohono.

Ganwyd fi ym mis Gorffennaf 1976 – haf poeth, yn ôl pob sôn, a'r ysbrydoliaeth i'm hail enw. Fe'm magwyd ar fferm Tŷ Cerrig, y Parc, ac mae atgofion fy mhlentyndod yn llawn heulwen ac awyr las uwchben yr Arennig Fawr. Merch ieuengaf Gwilym ac Olwen ydw i, a chwaer fach i Dylan, Meilir a Glesni. Roedd y tri ohonyn nhw'n agos iawn o ran oedran, a thipyn o flynyddoedd yn hŷn na fi. Byddai Dylan a Meilir yn cellwair yn aml mai wedi fy mabwysiadu oddi wrth rieni mewn trafferthion yn Swydd Efrog yr oeddwn i. Ond wedi tyfu i fyny, hawdd oedd gweld fod y tebygrwydd teuluol rhwng y pedwar ohonom yn bradychu'r stori! Mae bod yn 'fabi' y teulu wedi bod yn fantais enfawr – tra oeddwn i'n blentyn, ac ers hynny. Cefais sylw diddiwedd a gofal tyner gan Mam a Dad, a thipyn mwy o ryddid na'r tri arall, medden nhw! Treuliodd Glesni, druan, oriau di-ben-draw yn fy niddanu wrth i mi dyfu i fyny, ond does ryfedd iddi gael digon, a'm gwthio i oddi ar y swing un tro! Roedd fy magwraeth yn un hapus a chariadus, a doedd dim rheswm am y diddordeb diddiwedd mewn dianc i weld y byd. Ond felly roedd hi, a fedrwn i leddfu dim ar y teimladau.

Addysgwyd fi yn Ysgol Gynradd y Parc, ymhlith rhyw bymtheg o ddisgyblion eraill ar y mwyaf. Credaf fod cael bod yn ddisgybl mewn ysgol mor fach wedi rhoi gwreiddiau a sicrwydd i fi, ac i hynny ei gwneud yn haws i mi fentro ar fy anturiaethau. Wedi'r cwbwl, mae popeth yn haws pan fydd ganddoch chi wreiddiau fel angor diogel, lle bynnag fyddwch chi. Yn anffodus, mae dyfodol ysgol fach y Parc o dan gwmwl, a thoriadau ariannol yn bygwth cau'r drws. Mae wyth o'r pedwar disgybl ar bymtheg presennol yn neiaint neu'n nithoedd i fi, felly i ni fel teulu mae'r bygythiad yn un brawychus. Os bydd i'r ysgol gau rywdro, bydd y disgyblion i gyd yn colli allan ar fwy na dim ond addysg werthfawr. Aelwyd glyd ac addysg yw'r gwreiddiau gorau y gall unrhyw un eu cael – a rhoddodd fy magwraeth yn ardal y Parc y ddau beth yma i mi.

Crefydd ac amaethyddiaeth oedd y ddwy elfen fwyaf allweddol yn ardal y Parc wrth i mi dyfu i fyny, ac mae hynny'n dal yn wir heddiw i ryw raddau. Gweinidog y Parc ar y pryd oedd y Parchedig Bryn Ellis, brawd i'r awdur Islwyn Ffowc Elis. Cefais fy medyddio a 'nerbyn gan Mr Ellis; fo hefyd oedd yn gwasanaethu yn fy mhriodas ac roedd ei ddylanwad yn fawr arnom i gyd fel teulu. Roedd ei fab, Aled, yn ffrind agos i ni i gyd hefyd, a bu'n gweithio ar y fferm efo Dad am flynyddoedd. Bu'n ergyd erchyll pan laddwyd Aled mewn damwain car yn saith ar hugain oed. Roedd y golled yn un enfawr i'w rieni, ei ffrindiau a'r gymuned oll, a sylweddolais bryd hynny pa mor fregus yw bywyd.

Bu Capel y Parc yn rhan sylfaenol o'n magwraeth. Mae Dad yn flaenor yno, a bu Taid (D.M.) yn flaenor yno hefyd am 63 o flynyddoedd. Roedd mynychu'r ysgol Sul a'r bregeth yn arferiad di-dor yn ein bywyd ni fel teulu. Anrhydeddwyd Taid a Nain â Medal Gee am eu ffyddlondeb i'r ysgol Sul ar hyd y blynyddoedd. Roedd gweld Taid yn plygu ar ei liniau wrth yr allor yn ei wythdegau i adrodd Gweddi'r Arglwydd yn rhoi gwefr i mi hyd yn oed yn blentyn. Roedd ffydd y ddau ohonynt y tu hwnt i unrhyw beth fedrwn i ei amgyffred, heb sôn am ei ddilyn.

Mae gen i lwyth o atgofion am y ddau Daid a Nain: Trebor a Megan, Trem y Wawr, a Dei Morris a Mari, Glan Tegid. Chwaraeodd y pedwar ran fawr yn fy mhlentyndod, a bûm yn ffodus tu hwnt fy mod yn ddeunaw oed cyn colli'r un ohonynt. Roedd y pedwar yn byw yn lleol yn y Bala. Byddwn yn aml yn mynd heibio Trem y Wawr am de bach ar ôl ysgol, a mwynhau sgwrs efo'r ddau tra oedd Taid yn crasu *tea cake* ar dân agored yr Aga. Arhoswn yn Nhrem y Wawr ac yng Nglan Tegid ambell i nos Sadwrn, a'r ddefod bob bore dydd Sul fyddai mynd i'r capel – a chyrraedd rhyw ugain munud cyn dechrau'r oedfa.

Bu Nain Glan Tegid a finnau'n ffrindiau agos iawn, gan rannu aml i gyfrinach ar hyd y blynyddoedd. Roedd rhannu cyfrinach efo Nain yn saffach na rhoi arian yn unrhyw fanc. Un dda oedd hi am ddatgan ei barn. Byddai'n ei dweud hi fel y gwelai hi, a'i gonestrwydd yn chwa o awyr iach. Doedd hi'n colli allan ar ddim, ac mi fyddai'n holi yn aml, 'Gest ti sws nos Sadwrn?' Bu fyw ei bywyd efo gwên ar ei hwyneb ac edmygwn hynny'n fawr, yn ogystal â'r berthynas hwyliog a chariadus oedd rhwng Taid a hithau, hyd yn oed ar ôl 63 o flynyddoedd o briodas. Roedd hi'n golled fawr pan hunodd Nain yn dawel yn 101 oed. Yn wir, roedd tamaid bach ohonof wedi dechrau meddwl y byddai Nain yn byw am byth. Mae ambell un yn dweud bod fy mhersonoliaeth yn gymysgedd o un Nain ac Anti Nia, chwaer fy mam. Mae'n rhaid cyfaddef fy mod i mor benderfynol â'r ddwy!

Yn ddeunaw oed, wedi pedair blynedd o freuddwydio, hedfanais allan i Lesotho yn Ne Affrica i fod yn wirfoddolwr gydag elusen Achub y Plant. Gyda chefnogaeth pobl leol y Parc, roeddwn i wedi gweithio'n galed i gasglu'r arian i gael mynd. Ac fe lwyddais mewn her dipyn anoddach drwy berswadio Dad a Mam i ganiatáu i mi fynd. Fel pob rhiant, mae'n siŵr, roeddynt yn ansicr iawn am y fenter ac yn teimlo fy mod yn rhy ifanc a dibrofiad i fynd allan yno i wynebu peryglon o bob math.

Yr oeddwn yn mynd i weithio mewn cartref plant amddifad rhyw wyth milltir y tu allan i'r brifddinas, Maseru. Roeddwn yn byw mewn tŷ crwn a tho gwellt, a oedd yn foethusrwydd o'i gymharu ag ystafelloedd cysgu'r plant. Ond roedd o'n dal yn wahanol iawn o'i gymharu â Thŷ Cerrig! Rhan o'm cyfrifoldeb oedd golchi a gwisgo'r plant, helpu efo gwaith ysgol, a'u diddanu'n gyffredinol. Un o'r gweithgareddau mwyaf poblogaidd oedd perfformio dramâu, dawnsio a chanu, â stori'r Hugan Fach Goch yn un o'r perfformiadau mwyaf poblogaidd. Dim ond un o'r plant, Teboho, oedd yn gallu siarad Saesneg pan gyrhaeddais i, a daeth yn ffrind annwyl i mi. Treuliodd y ddau ohonom nosweithiau lawer yn rhoi gwersi Saesneg i'r gweddill, a dwi'n gobeithio'n aml yn dawel bach fod un neu ddau ohonynt bellach yn siarad Saesneg efo acen Gymraeg! Er bod y plant yn annwyl ac yn fywiog, roedd unigrwydd yn felltith ar brydiau, a hiraeth am deulu a ffrindiau'n fy rhwygo. Roeddwn i'n derbyn llythyrau ac anrhegion yn rheolaidd gan bawb adre, ac yn mwynhau clywed hynt a helynt pawb. Cawn hefyd flasu'r fferins neu'r siocled oedd yn yr anrheg – hyd yn oed os oedd o wedi toddi'n ddim wrth adael oerni gaeaf Cymru am wres poeth Affrica!

Wrth i'r amser basio daeth y galwadau ffôn adre yn fwy rheolaidd ac yn hirach wrth i mi fethu ymgartrefu. Ond yn aml iawn roedd y llinell ffôn yn un wael, a mwyafrif y galwadau'n cael eu torri'n fyr, a hynny'n achosi i fwy fyth o ddagrau lifo. Roedd y galwadau fel arfer yn rhai *reverse charges*, a dyma ddechrau traddodiad o filiau ffôn drud iawn i Dad a Mam. *Reverse charges* bryd hynny, BT Chargecard a ffôn lloeren yn ddiweddarach. Pan ddarllenais erthygl mewn cylchgrawn flynyddoedd wedyn efo'r teitl, 'Please remember how much I love you when the next phone bill comes through', fedrwn i ddim ond gwenu wrth ei thorri allan a'i gyrru adre iddyn nhw gael ei darllen.

Achosodd yr etholiadau democrataidd yn Ne Affrica yn 1993 drafferthion a therfysg yn Lesotho. Roedd hyn yn dal i effeithio arnon ni o ddydd i ddydd, gyda chyrffyw yn ein rhwystro rhag bod allan wedi iddi dywyllu, a'r ymladd rhwng y fyddin a'r gwrthryfelwyr i'w glywed yn y pellter. Yng nghanol yr helyntion hyn roedd brenin Lesotho, Moshoeshoe II, newydd ddychwelyd i'r wlad ar ôl bod yn byw'n alltud ym Mhrydain, ac ychydig ddyddiau ar ôl i mi gyrraedd bu farw ei ferch, y Dywysoges Constance Christina Maseeiso, yn bump ar hugain oed. Heb i mi ddeall yn iawn sut, gofynnwyd i fi fynd i'r palas i gydymdeimlo â'r teulu ar ran Achub y Plant. Doedd hwn ddim yn brofiad y buasai neb wedi medru fy mharatoi ar ei gyfer. Pythefnos cyn gadael Cymru, a minnau allan yn dathlu canlyniadau Lefel 'A', cafodd un o'm ffrindiau agos ei lladd mewn gwrthdrawiad efo lorri. Roedd Glesni Wyn Davies – Gles i bawb o'i ffrindiau – yn ddwy ar bymtheg oed a bywyd disglair o'i blaen, a fedrwn i, na neb arall, ddim deall pam fod un arall o ieuenctid anwylaf yr ardal wedi cael ei chymryd oddi wrthym mor greulon o fuan. Wrth i mi eistedd yn y palas diarth, yn cydymdeimlo efo teulu na wyddwn ddim amdanynt, sylweddolais unwaith eto pa mor fregus yw bywyd, a pha mor hawdd y gall y cyfan gael ei gipio oddi arnoch. Cefais groes aur ar gadwyn gan deulu Gles wedi'r angladd, a hyd heddiw mae edrych ar y gadwyn ar fy ngwddw yn fy atgoffa pa mor fyr y gall bywyd fod, ac yn ysbrydoliaeth i mi wireddu pob breuddwyd tra medra i.

Cyfarfûm â gwirfoddolwyr eraill ar ôl rhyw fis o fod yn Lesotho, gan gynnwys Geraint Ellis, oedd yn ffrind teuluol i Islwyn Ffowc Elis ac yn digwydd bod yn gweithio allan yno. Roedd Gwenda, merch o Lanuwchllyn, yn byw yn

Johannesburg hefyd, ac fe awn i ymweld â hi ar ambell benwythnos er mwyn cael newid byd. Daeth ambell wirfoddolwr arall yn ffrind i mi, gan gynnwys Gwyddeles o'r enw Una Finn. Gyda dros ddeugain mlynedd o wahaniaeth oed rhyngom, roedd hi'n wyrthiol fod ganddon ni unrhyw beth yn gyffredin, ond roedd ei hysbryd ifanc a'i phersonoliaeth hwyliog yn ei gwneud yn gwmni gwych, a chawsom wyliau bythgofiadwy'n teithio drwy Dde Affrica a Zimbabwe.

Ond roedd yr hiraeth yn dal i bwyso arna i, a meddwl am ddathlu'r Nadolig yno ym Maseru yn fwy nag y medrwn ddygymod ag ef. Pan gyrhaeddais adre ar noswyl y Nadolig, ddau fis yn gynharach na'r bwriad, bu Mam a Dad yn dda iawn yn peidio fy atgoffa o'u rhybuddion cyn i mi gychwyn. Roeddwn yn rhy ifanc a dibrofiad i fod allan yno, roedd hynny'n wir. Ond bu'r profiad yn un allweddol yn fy mywyd. Addewais bryd hynny na fyddwn i byth yn cychwyn ar ddim byd eto heb ymdrechu'n deg i'w gyflawni'n llwyr, hyd yr eithaf. Bu symud i Lundain dri mis yn ddiweddarach yn llawer haws. Yn unol â 'mreuddwyd oes, roeddwn yn dilyn gyrfa Mam, ac yn cychwyn cwrs nyrsio yn Ysbyty Plant Great Ormond Street.

Y Paratoi

Things work out best for the people who make the best out of the way things work out.
Art Linkletter

Yn fuan wedi i mi benderfynu fy mod am rwyfo'r Iwerydd, sylweddolais fod mynydd o waith o'm blaen os oeddwn hyd yn oed am gyrraedd y llinell gychwyn. Roedd angen darganfod partner a fyddai'n fodlon ymuno efo fi yn y fenter (mi fuasai mynd ar fy mhen fy hun yn hollol hurt, wrth reswm!), codi £63,000 i dalu'r costau, dysgu rhwyfo, prynu cwch ac offer addas, dysgu llywio, paratoi i ddygymod â bywyd allan ar y môr ac wrth gwrs, casglu arian at elusen o'm dewis.

Ar ôl gwahanu oddi wrth Steve, symudais i fyw mewn fflat efo Herdip Sidhu, nyrs arall o Great Ormond Street. Roedd hi'n Nyrs Staff Uwch ar y ward lle roeddwn i'n asesu'r plant a oedd yn rhan o'm gwaith ymchwil, ac wedi ymuno efo fi ar y daith feicio o Baris i Lundain. Ers hynny roedden ni wedi cyd-wneud yn dda, ac yn mwynhau rhedeg a beicio efo'n gilydd. Roedd hi hefyd yn sengl, a heb unrhyw gyfrifoldebau teuluol. Wedi ychydig iawn o drafod, cytunodd yn hawdd i ymuno yn yr antur.

Yn fore iawn ar 31 Rhagfyr 2006, gyda mymryn yn llai na blwyddyn cyn cychwyn y ras, aeth y ddwy ohonom i lawr i Glwb Rhwyfo Mortlake ac Anglia i ddysgu rhwyfo. Roedd Ian Roots yn hyfforddwr yno, a daeth i'n cyfarfod. Roedd ganddo gysylltiadau ag un o weithwyr y wasg yn yr ysbyty, ond yn bwysicach fyth, roedd Ian hefyd wedi rhwyfo'r Iwerydd ei hun ddwy flynedd ynghynt ac felly roedd ganddo lwyth o wybodaeth i'n helpu ni. Ar ôl ein gosod i eistedd ar beiriant rhwyfo am awr, ac ymdrechu i'n cael ni i gyd-rwyfo, aeth y creadur bach â ni allan yn *Hazel*, twb o gwch a ddefnyddiai'n arbennig i fynd â rhai di-glem fel ni ar yr afon Tafwys am y tro cyntaf.

Ar ôl nyrsio yn yr ysbyty am ddeuddeg mlynedd erbyn hynny, gwyddwn yn sicr mai Ysbyty Great Ormond Street oedd yr elusen yr oeddwn am ei chefnogi. Roedd Herdip hefyd yn teimlo'r un fath. Roeddwn eisoes wedi casglu arian i'r ysbyty drwy redeg y Great North Run, y Great South Run ac ar y daith feicio. Ond y tro hwn, nid oeddwn am i'r arian fynd i goffrau cyffredinol yr ysbyty. Roeddwn bellach wedi arbenigo fel nyrs ymchwil, ac yn astudio cyffuriau newydd i blant oedd yn dioddef o afiechydon metabolig. Yn ffodus, nifer bychan o blant sy'n dioddef o anhwylderau geneteg *lysosomal storage disorders*, ond golyga hynny ei bod yn anodd iawn codi ymwybyddiaeth o'r afiechydon ac mae sicrhau arian at waith ymchwil i ddarganfod iachâd bron iawn yn amhosib. Teimlwn yn gryf, felly, y byddai menter fel hon yn addas, nid yn unig i godi arian ond hefyd i godi ymwybyddiaeth o'r hyn mae'r plant a'u teuluoedd yn ei ddioddef o ddydd i ddydd.

Roedd perswadio rheolwyr yr elusen y dylai'r arian gael ei neilltuo ar gyfer y gwaith ymchwil hwnnw yn fwy o her nag y dychmygais, a bu'n rhaid i ni fynd i weld Dr Jane Collins, Prif Weithredydd yr ysbyty, i gael sêl ei bendith a'i chefnogaeth. Gwisgais fy sbectol ar gyfer yr achlysur, gan obeithio y byddai hynny'n gwneud i mi edrych yn gall ac yn ddoeth. Ond doedd dim angen i mi boeni. 'Will you be rowing it naked?' oedd ei hymateb cyntaf! Roedd hi'n amlwg yn wybodus ynghylch elfen bwysicaf y fenter a oedd o'n blaen. Roedd cael cefnogaeth o'r brig yn allweddol i'n hymgyrch ac yn fuan iawn wedi'r cyfarfod disgynnodd rhai o'r darnau i'w lle, gan awgrymu y gallem o'r diwedd ddechrau ar y gwaith paratoi.

Er gwaetha'r pryder am fuddsoddi mewn menter mor uchelgeisiol, llawn risg, cytunodd yr elusen i dalu am y cwch yn y tymor byr, gan roi mwy o amser i ni chwilio am noddwr. Roedd hyn yn gwneud y fenter yn agored i feirniadaeth lem, ac yn gosod pwysau enfawr arnon ni i wneud yn siŵr y byddem yn cyflawni'r her a gwneud y buddsoddiad yn un llwyddiannus. Ond roedd hi'n risg yr oedd yn rhaid i ni ei derbyn i gael unrhyw obaith o fod yn barod erbyn dechrau'r ras.

Roedd y fenter bellach fel pelen eira. Yn fuan iawn ar ôl rhannu'r freuddwyd yn gyhoeddus a dechrau paratoi, roedd y belen wedi dechrau rowlio ac yn tyfu ar raddfa na fedrwn fod wedi'i rhag-weld. Hyd yn oed ar amseroedd ansicr, pan oedd amheuaeth am y fenter yn codi, a'n hewyllys i wireddu'r freuddwyd yn sigledig, roedd y belen eira wedi tyfu ac yn rhedeg mor gyflym fel na fedrwn newid fy meddwl bellach, hyd yn oed petaswn i wirioneddol eisiau gwneud hynny.

Wrth glywed am y fenter, roedd pobl ar y cyfan yn methu yn eu byw â dirnad pam y buasai neb eisiau mentro ar y fath antur, a chefais lawer iawn o ymatebion negyddol. 'Hurt bost', 'dwl', a 'gwirion' oedd rhai o'r ymatebion caredicaf a dderbyniais. Yn fuan iawn dechreuodd y tueddiad i fychanu ein hymdrechion fynd dan fy nghroen. Ond o edrych yn ôl, roedd pob un sylw neu sarhad fel arian yn y banc, yn fuddsoddiad at yr adegau anodd, a gallwn ddibynnu ar yr holl sylwadau negyddol i roi nerth i mi ddyfalbarhau.

Yn naturiol, doedd y mwyafrif ddim yn rhag-weld bod ganddon ni unrhyw obaith yn y byd o gwblhau'r daith. Roedden ni'n hollol ddibrofiad, ac roedd hynny i'w weld yn amlwg yn ein paratoadau. Ond er gwaetha'r mwyafrif negyddol, roedd un neu ddau o angylion a aeth allan o'u ffordd i'n helpu. Y ddwy angyles a ddisgleiriodd fwyaf oedd Lucy Jameson a Jo Bardoe. Roedd y ddwy yn famau i blant oedd yn dioddef o afiechyd metabolig, ond yng nghanol eu gofid a'u prysurdeb penderfynodd y ddwy gefnogi ein hymgyrch. Wrth gwrs, roedd yr elusen yn un agos iawn at eu calonnau, a hynny'n siŵr o fod yn rhoi nerth iddynt hwythau. Roedd Mia, merch Jo, yn un o'r plant o dan fy ngofal a oedd wedi cytuno i brofi cyffur newydd er mwyn ceisio arafu datblygiad y salwch. Ond ar ôl tair blynedd o ymdrechu ac asesu diddiwedd, bu'n rhaid wynebu'r ffaith fod y cyffur yn ddiwerth. Roedd y siom yn un enfawr i bawb, a'r dyfodol yn edrych yn fwy ansicr nag erioed iddynt. Wrth rannu y profiadau hyn o ddydd i ddydd efo nhw roeddwn wedi dod yn agos iawn atynt fel teulu.

Roedden ni'n mentro ar draws Cefnfor Iwerydd fel cystadleuwyr yn ras y Woodvale Challenge, trefnwyr menter a fedyddiwyd yn 'The World's Toughest Rowing Race'. Cynhaliwyd y ras gyntaf yn 1997, a chyn hynny prin ddeg o bobl oedd wedi rhwyfo ar draws Cefnfor Iwerydd. Er 1997 cafodd y ras ei chynnal bob dwy flynedd, a daeth yn enwog yn 2005 pan gyflawnodd yr enillydd Olympaidd James Cracknell a Ben Fogle y ras mewn 49 diwrnod, 19 awr ac 8 munud. Roedd y ras honno yn adnabyddus hefyd oherwydd bod chwech o'r ugain o gychod a gychwynnodd wedi gorfod cael eu hachub ar ôl i dywydd stormus eu dymchwel. Doedd hi ddim yn anodd deall pam fod mwy o bobl wedi dringo i gopaon uchaf Everest nag oedd wedi rhwyfo ar draws yr Iwerydd.

Roedd Woodvale hefyd yn cynllunio ac yn adeiladu cychod yn arbennig ar gyfer y fenter. Ond wedi archebu ein cwch ni, teimlwn yn bryderus o wybod mai dim ond wyth milimetr o bren haenog fyddai rhyngof fi a dyfnderoedd y môr mawr! Yn fuan ar ôl talu am y cwch aeth Woodvale Events yn fethdalwyr, gan osod straen ychwanegol arnom yn ein dadl yn erbyn pob Tomos o amheuwr. Er bod Simon Chalk, y perchennog, yn ein sicrhau y byddai'r ras yn dal i fynd yn ei blaen, ac y byddai'r cwmni wedi ailsefydlu fel Woodvale Challenge erbyn hynny, roedden ni'n dal yn bryderus y bydden ni'n colli ein cwch, er mai dim ond cragen oedd o ar y pryd. Felly penderfynais gymryd y cwch yn ei gyflwr anorffenedig a thalu adeiladwyr eraill i'w gwblhau – er bod y nifer o bobl sy'n medru adeiladu cychod i rwyfo'r moroedd yn brinnach na nifer y bobl sy'n gobeithio medru eu rhwyfo!

Yn ffodus, roedd Lucy wedi trefnu i ni gael defnyddio cyfleusterau clwb hwylio Hayling Island. Roedd o'n glwb llewyrchus efo cyfleusterau modern ar lan y Solent, a thrwy sgiliau perswadio Lucy a charedigrwydd y clwb cawsom ganiatâd i gadw'r cwch yno am ddim er mwyn ymarfer, cyn gynted ag y byddai'r cwch yn barod. I ateb ein gweddïau, roedd yna gwmni bach o'r enw Dolphin Quays gerllaw yn Emsworth a oedd wedi paratoi dau gwch tebyg, ac o gysidro'u lleoliad, nhw oedd y dewis perffaith i weithio ar ein cwch ni. Roedd Herdip yn India yn cael ei bendithio yn y Deml Aur pan yrrodd Simon Chalk gyda'r cwch i fyny i Hayling Island. Cragen wag, lwyd ydoedd, ac yn ôl Lucy, oedd yno i'w groesawu efo fi, mi es i'n welwach na gwyn wrth sylweddoli yn union pa mor fach oedd o! Daeth Tim, perchennog Dolphin Quays, i'n cyfarfod a mynd ati i asesu faint o waith oedd ar ôl i'w gyflawni cyn cytuno y byddai'n bosib gwneud hynny o fewn yr amser prin oedd ganddon ni ar ôl.

Wrth i Tim a'i gyd-weithiwr Richard ddechrau gweithio ar y cwch, roedd Herdip a minnau'n dal i wynebu'r broblem aruthrol o brinder arian. Roedd llawer wedi ein rhybuddio y byddai cyllido'r fenter yr un mor anodd â'r rhwyfo, ac roedden ni'n dechrau sylweddoli hynny. Byddai adeiladu'r cwch yn unig yn costio tua £25,000–£30,000 ac roedd llawer o gostau eraill i'w talu'n ogystal. Gyda llai na blwyddyn i fynd, doedden ni ddim nes at ddod o hyd i noddwr.

Roedd cynllunydd yn yr ysbyty wedi rhoi'r enw 'Nautical Nurses' ar ein hymgyrch, a heb geisio osgoi'r chwarae ar eiriau roedden ni'n hoff iawn o'r hyn yr oedd o'n ei gyfleu ar logo a gynlluniwyd i gyd-fynd â'r enw. Ond er gwaetha'r enw hwyliog a'r elusen haeddiannol, roedd y fenter yn dal yn rhy ddrud ac yn rhy uchelgeisiol i berswadio'r un cwmni i'n noddi i'r lefel angenrheidiol. Yr unig gysylltiad addawol oedd ganddon ni oedd ffrind i Charles Denton, Prif Weithredwr yr elusen. Roedd Ollie Stanley yn ddyn busnes oedd â chariad angerddol at hwylio. Roedd o wedi cystadlu yn ras hwylio'r ARC (Atlantic Rally for Cruisers) ar draws yr Iwerydd, ac yn edrych yn addawol fel noddwr i'n menter. Ar ôl cyfarfod, penderfynodd fynd â ni allan yn ei gwch hwylio ar fordaith ar draws y Sianel i Guernsey. Felly, ddechrau mis Mai, saith mis cyn dechrau'r daith, gyrrodd Herdip a finnau ynghyd ag Amy, ffrind arall i ni, i lawr i Southampton i gael profiad o fod allan ar y môr am y tro cyntaf.

O fewn oriau i ni fod allan ar y môr, cododd gwynt a thonnau mawr yn ein herbyn a thrawyd y rhan fwyaf o'r criw yn sâl. Yn ffodus, wnes i ddim dioddef. Mae'n rhaid bod genna i stumog fel un o wartheg Dad! Felly, cefais gyfle i ddarganfod fy 'nghoesau môr' ac ymarfer llywio'r cwch, a dod i arfer efo defnyddio'r cwmpawd a'r GPS i ddangos y ffordd. Wrth weithio mewn shifftiau o ddwy awr, roedd o'n gyfle da i ddod i arfer efo'r realiti a fyddai'n ein hwynebu ar yr Iwerydd. Ond roedd cwch Ollie yn baradwys o'i gymharu â'n cwch ni, ac o fewn prin bedair awr ar hugain roedden ni mewn cartref moethus yn Sandbanks yn mwynhau cawod boeth a phryd o fwyd hyfryd. Yn anffodus, roedd Herdip wedi dioddef o salwch môr yn ddi-baid ar y daith. Gorweddai ar y dec yn methu symud, bron. Felly methodd â chymryd rhan yn y llywio na fawr o ddim byd arall.

Deuddydd ar ôl dychwelyd o'r cwch, ffoniodd Ollie. Nid oedd yn fodlon buddsoddi yn ein hymgyrch. Petawn i'n newid partner ac yn dewis rhywun mwy brwdfrydig na Herdip, mi fyddai'n fodlon ailystyried, ond fel roedd pethau doedd o'n gweld dim gobaith i ni lwyddo. Efo llai na saith mis tan ddechrau'r ras, a dim ond pythefnos tan y parti lansio, roedd pethau'n edrych yn ddu iawn arnom. Ond fedrwn i ddim gofyn i Herdip anghofio am y fenter. Roedd hi'n ffrind i mi, yn gymaint rhan o'r fenter â finnau bellach. Ac, a bod yn onest, gwyddwn y byddai dod o hyd i bartner newydd mewn pryd bron yn amhosib. Felly, fedrwn i ddim ystyried safbwynt Ollie. Torrodd Herdip ei chalon pan glywodd y newyddion. Roedd hon yn ergyd fawr i'w hunanhyder. Ac er i mi ymdrechu'n galed i'w sicrhau bod gen i bob ffydd ynddi, yn dawel bach agorwyd y drws i lu o amheuon. Gyda'r parti o fewn wythnosau roedd yn rhaid dal ati, a dangos wyneb dewr ac anwybyddu'r amheuon. Un peth oedd cael eraill yn amau'n gallu a'n gobeithion o lwyddo, ond roedd yn rhaid i *ni* fod yn gadarnhaol yn ein dyfalbarhad i lwyddo.

Roedd clwb hwylio Hayling Island eto'n gefnogol iawn i'n hapêl ac wedi trefnu diwrnod o gystadlaethau hwylio a pharti lansio i ni. Felly rhaid oedd mwynhau'r diwrnod er gwaetha'r digwyddiadau diweddaraf.

Daeth Gŵyl y Banc a'i thywydd arferol o wynt a glaw. Teithiais efo'm ffrindiau pennaf, Karen a Duncan, i'r clwb y noson cynt, a daeth Mam a Dad yr holl ffordd yno i gefnogi'r achlysur. Roeddwn wedi dweud wrth fy rhieni am y fenter ers mis Rhagfyr. Bu'n brofiad a hanner trio esbonio iddynt. Er i mi dreulio blwyddyn yn ymarfer gwahanol ffyrdd o ddweud wrthynt, doedd yna ddim ffordd hawdd o wneud hynny, gan wybod cymaint y bydden nhw'n gofidio amdanaf. Ond er nad oedden nhw'n deall nac yn hollol hapus â'r syniad, roedden nhw unwaith eto yn dal yn gefnogol.

Roedd caplan yr ysbyty a'r arweinydd Sikh, ffydd Herdip, wedi teithio'r holl ffordd i fendithio'r cwch a dymuno'n dda i ni. Yn dilyn cystadleuaeth i blant yr ysbyty, roeddem wedi dewis enw i'r cwch, ac yno yn y gwasanaeth, gyda siampên a dŵr sanctaidd o'r Deml Aur, bedyddiwyd y cwch yn *Dream Maker*. Hwn oedd y cwch a fyddai'n gwireddu breuddwyd Herdip a finnau, ond yn bwysicach, gobeithio, yn arwain at wireddu breuddwyd y plant oedd yn dioddef o salwch metabolig. Byddai ein hymdrechion ni yn cefnogi'r gwaith ymchwil i ddarganfod gwybodaeth newydd. Gwybodaeth newydd y gobeithiem y byddai, rhyw ddydd, yn arwain at wellhad i'w dioddefaint.

Yn bersonol, roeddwn i'n fwy na hapus efo'r enw *Dream Maker*. Drwy ei grynhoi yn D.M. yr oedd yn rhannu'r un llythrennau cyntaf â Taid, David Morris. D.M. fyddai Taid yn cael ei alw gan amlaf, ac er bod Taid wedi ein gadael erbyn hynny, roedd hi'n braf meddwl y byddai'n cyd-deithio efo fi ar y fordaith mewn enw yn ogystal ag mewn ysbryd.

Deuddydd ar ôl y parti cefais alwad ffôn oddi wrth Jo Bardoe. Roedd ffrind agos iddi, oedd yn Brif Weithredwr cwmni mawr yn y ddinas, am ein noddi! Roedd Jamie Hopkins o gwmni Mapeley Ltd am ein hachub, fel tywysog ar geffyl gwyn, ac o fewn dyddiau roedd ganddon ni £63,000 i dalu'r costau! Roedd enw'r cwch eisoes yn dechrau dangos y ffordd!

Gwibiodd yr wythnosau a'r misoedd canlynol heibio ar gyflymdra na fedrwn ddygymod â fo. Roedd y cwch yn hwyr yn cael ei orffen, a phob diwrnod yn frwydr. Golygodd hynny alwadau ffôn di-ri ac e-bostiau wrth y cannoedd. Roedd yr holl drefnu'n waith llawn amser mewn gwirionedd, ond roedd hynny'n amhosib, wrth gwrs, gan fod y ddwy ohonom yn gweithio'n llawn amser fel roedd hi. Weithiau edrychwn ar fy mywyd o'r tu allan a'i weld yn carlamu heibio ar gant a deg milltir yr awr, heb egwyl! Roedd y straen o gadw'r trefniadau efo'i gilydd yn achosi tyndra – efo'r gweithwyr yn Dolphin Quays, efo swyddfa'r elusen, ac ambell waith efo Herdip. Synhwyrais fod Dolphin

Quays a gweithwyr yr elusen yn osgoi fy ngalwadau, gan wybod na roddwn lonydd iddynt nes byddai'r gwaith i gyd wedi'i gwblhau.

Gyda llwyth o waith i'w wneud eto cyn y byddai'r cwch yn barod, a dim gobaith cael mynd allan ar y Solent i ymarfer am dipyn o amser eto, roedd y ddwy ohonom yn gorfod dibynnu ar ymarfer yn ddyddiol ar y peiriant rhwyfo, ac ambell i fore ar afon Tafwys. Roeddwn i a Robbie, un o griw *Pura Vida*, oedd hefyd yn cystadlu yn y ras, wedi ymaelodi â chlwb rhwyfo Poplar yn nwyrain Llundain. Roedd gan Rowan Watson, un o aelodau'r clwb, gysylltiadau â phentref bach y Parc, ac roedd felly'n gefnogol iawn i'r fenter. Byddai'n barod iawn i roi o'i amser i fynd allan efo Robbie a minnau i ymarfer.

Yn aml iawn, yr ymarfer corfforol oedd yr unig elfen o'r paratoi y byddai pobl yn ei gysidro wrth holi am yr her. Roedd yr ymarfer corfforol yn allweddol, wrth gwrs, ac roedd angen ymroddiad i sicrhau y bydden ni'n ddigon ffit i rwyfo deuddeg awr y dydd ac yn ddigon cryf i dynnu'r para-angor i mewn o'r dŵr. Ond fedren ni ddim osgoi'r ffaith na fyddai bod yn ffit ac yn gryf yn golygu dim heb gwch ac offer. Roedd Herdip yn wych am eistedd ar y peiriant rhwyfo awr ar ôl awr, ond roeddwn i'n syrffedu'n hawdd. Doedd hynny ddim yn arwydd da, o feddwl beth fyddai'n fy wynebu ar yr Iwerydd ond roeddwn yn diflasu wrth edrych arnaf fi fy hun yn y drych ar beiriant rhwyfo yn ddi-ben-draw – yn enwedig pan fyddai llwyth o bethau ar ôl i'w trefnu yn ogystal.

Er mwyn sicrhau amrywiaeth a pharhau i fwynhau ymarfer, byddwn yn cymysgu ymarfer rhwyfo efo rhedeg ac ymarferion i gryfhau'r cyhyrau. Roeddwn i'n mwynhau ymarfer codi pwysau yn llawer mwy nag eistedd ar y peiriant rhwyfo. Rhedodd Herdip a finnau ym marathon yr Wyddfa, marathon Llundain ac amryw hanner marathon neu ras 10 km yn y flwyddyn cyn y fenter.

Elfen bwysica'r paratoi oedd pasio cyrsiau gorfodol y ras, yr RYA Yachtmaster, trwydded radio VHF, a dysgu goroesi mewn dŵr môr. Ac er bod y ddwy ohonom yn nyrsys, roedd cwrs cymorth cyntaf ar y môr yn orfodol hefyd. Roedd y cwrs RYA Yachtmaster yn gymhleth dros ben, a doedd yr un o'r ddwy ohonom yn dda iawn am wneud y gwaith mathemategol. Yn ffodus roedd eraill ar y cwrs yn gobeithio rhwyfo'r un ras â ni a daeth criw *Pura Vida* – Tom, John, Carl a Robbie – a chriw *Ocean Summit* – Scott a Neil – yn ffrindiau ac yn gefn i ni, nid yn unig yno ar y cyrsiau ond hefyd ar La Gomera ar ddechrau'r ras, wrth groesi'r cefnfor ac wrth ddygymod â bywyd yn ôl ar dir sych wedyn.

O'r diwedd roedd *Dream Maker* yn barod, a chafodd Herdip a finnau ddechrau ymarfer allan ar y Solent – ac roedd hi'n hen bryd i ni wneud hynny. Er nad oedd y Solent yn ddim byd tebyg i'r elfennau a fyddai'n ein hwynebu ni, dyna'r paratoad gorau fedren ni ei gael, ac roedd yn fwy o her nag y medren ni ddygymod â hi, ar y pryd! Roedd ein diffyg gwybodaeth am ddarllen siartiau a'r cyfuniad o'n diffyg pŵer y tu ôl i'r rhwyfau'n golygu fod grym y llanw'n ein gyrru i drafferthion yn aml. Doedd dim siâp arnom, a doedd dim gwadu hynny! Roedden ni'n hollol ddibynnol ar Frank, un o weithwyr y clwb hwylio, a'i gwch achub. Ond hyd yn oed ar ôl iddo ein hachub dro ar ôl tro, ddywedodd o erioed yr un gair croes, dim ond gair bach tawel o gyngor ar sut i osgoi trafferthion tebyg eto. Bu'n gefnogol eithriadol, a hebddo fo a Mike Baker, aelod arall o'r clwb, fydden ni ddim wedi llwyddo hyd yn oed i adael y lan. Treuliodd Mike oriau lawer yn gyrru *Dream Maker* yn ôl ac ymlaen o'r clwb at Dolphin Quays, gan wlychu ei draed ambell waith wrth roi'r cwch yn y dŵr. Dro ar ôl tro, fedrwn i ddim credu sut roedd Mike a Frank, oedd yn hollol ddieithr i ni, yn rhoi o'u hamser i'n cefnogi'n ddiddiwedd. Yn y byd prysur sydd ohoni, roedd hi'n wyrthiol ein bod ni'n cael y ffasiwn gefnogaeth, a bu eu hymroddiad nhw ac ambell i un arall yn sylfaen i'n llwyddiant.

Wedi hir ymaros, ond eto'n llawer rhy fuan, roedd hi'n ddiwedd Hydref a daeth yn amser pacio *Dream Maker* a'r holl offer i'w hanfon i La Gomera, man cychwyn y ras. Dad oedd arwr y dydd, yn gyrru'r holl ffordd i lawr o'r Parc i Hayling Island a mentro tynnu *Dream Maker* drwy ganol strydoedd Llundain er mwyn i blant a gweithwyr yr ysbyty gael cyfle i'w weld am y tro olaf cyn cychwyn ar y daith. Roedd llusgo trelar wyth metr drwy strydoedd prysur Llundain yn dipyn o gamp. Ac yn y rhyddhad o gael gwirfoddolwr, wnes i ddim meddwl faint o gyfrifoldeb oedd ar ysgwyddau Dad, druan! Sgwn i a wnaeth o gysidro troi'r gornel yn rhy sydyn ambell waith yn y gobaith o falu *Dream Maker* a rhoi diwedd ar y chwiw ddiweddaraf yma oedd gen i!

Daeth tua hanner cant o bobl ynghyd i weld *Dream Maker* ar y sgwâr y tu allan i'r ysbyty, a gydag anerchiad gan Dr Jane Collins, roedd ein hymgyrch yn fyw ac yn gyhoeddus ar newyddion Llundain. Doedd dim troi'n ôl bellach. Yn fuan y bore canlynol cychwynnodd Dad, Mam, Herdip a finnau ar y daith hir i Newbury yng nghanolbarth Lloegr er mwyn gosod *Dream Maker* yn saff ar long i'w chludo i fan cychwyn y ras. O'r diwedd roedd yr holl ymdrechion yn dechrau disgyn i'w lle.

Only those who risk going too far can possibly find out how far one can go.
T. S. Eliot

Yng nghanol yr holl oriau o baratoi, roedd hi'n syndod bod fy ngyrfa'n dal i fodoli, heb sôn am flodeuo. Wrth astudio at fy 'Master's' roeddwn wedi datblygu modd newydd o asesu plant dan fy ngofal oedd yn dioddef o Neuronopathic Gaucher Disease. Afiechyd metabolig yw hwn, ac mae'n achosi niwed i'r ymennydd. Enillodd fy ngwaith wobr mewn cynhadledd ryngwladol, a daeth hynny â diddordeb gan ddau gwmni a oedd yn datblygu cyffuriau newydd yn y maes. Wedi fy syfrdanu, arwyddais gytundeb i ymchwilio'n bellach i ddefnydd yr asesiad, gan sicrhau arian ar gyfer doethuriaeth ran-amser. Cytunodd Dr Ashok Vellodi a'r Athro Robert Surtees, dau feddyg y bûm yn cydweithio efo nhw ers blynyddoedd ac a oeddwn yn eu parchu'n fawr, i oruchwylio'r gwaith. Byddai'r ddoethuriaeth yn gytundeb a fyddai'n fy nghlymu am ymhell dros dair blynedd, ond credwn ei fod yn fuddsoddiad da i'r dyfodol, ac y byddai'n rhoi rhywbeth i mi anelu ato ar ôl y rhwyfo.

Pan oeddwn yn mynychu cynhadledd arall, gwrandewais ar gyflwyniad gan Dr Agnés Saint Raymond, pennaeth adran yn Asiantaeth Meddyginiaethau Ewrop. Roedd Agnés yn aelod allweddol o'r asiantaeth a sefydlodd reoliad newydd yn Ewrop a fyddai'n gorfodi pob cwmni i asesu diogelwch ac effeithlonrwydd pob cyffur mewn plant o hynny ymlaen. Yn sgil fy mhrofiad ymchwil, gwyddwn y byddai'r fenter hon yn sicr o arwain at newidiadau mawr mewn gofal plant yn y dyfodol, newid yr oedd gwir angen amdano.

Ar ôl y gynhadledd, gyrrais gopi o'm CV ati gan ddweud y byddai gennyf diddordeb mawr mewn gweithio ar fenter debyg yn y dyfodol, petai'r cyfle'n codi. Freuddwydiais i erioed y byddai gen i obaith o gael swydd yno, ond teimlwn nad oedd gen i ddim i'w golli drwy ddangos diddordeb. Cefais fraw a hanner pan gefais wahoddiad am gyfweliad ychydig yn ddiweddarach. Gan nad oeddwn yn medru siarad gair o Ffrangeg ac angen diwrnod yr wythnos ar gyfer fy noethuriaeth, heb sôn am y ffaith fy mod ar fin diflannu ar draws y môr am dri neu bedwar mis, roeddwn i'n siŵr nad oedd gen i unrhyw obaith o gael swydd. Ond er mawr syndod, cynigiodd Agnés swydd i mi. Ganol Awst, lai na phedwar mis cyn gadael am yr Iwerydd, gadewais Ysbyty Great Ormond Street ar ôl deuddeg mlynedd o wasanaeth i ddechrau ar yrfa newydd yn Asiantaeth Meddyginiaethau Ewrop.

Fedrwn i ddim credu'r peth. Roeddwn wedi darganfod noddwr ar gyfer rhwyfo'r Iwerydd, wedi sicrhau arian i wneud doethuriaeth, ac wedi cael swydd newydd mewn sefydliad allweddol i iechyd plant Ewrop. Roeddwn i'n hedfan yn uchel ar gyffur llwyddiant, ond yn ofni'r siom a oedd yn siŵr o ddilyn! Doedd cymaint o lwc mewn cyfnod o dri mis ddim yn bosib. Credwn yn siŵr y byddai rhyw anffawd neu siom enfawr yn siŵr o ddilyn ac roedd y gofidio fel carreg fawr yn pwyso yng ngwaelod fy stumog. Efallai ei fod yn un o sgileffeithiau cefnogi carfan rygbi Cymru yn y nawdegau pan oeddwn yn byw yn Llundain. Byddai'r hanner cyntaf yn aml yn edrych yn addawol, a Neil Jenkins yn ein gwthio ar y blaen. Byddai gobaith am lwyddiant yn cyffroi ym mêr esgyrn pawb ond wedyn byddai'r chwarter olaf bron bob amser yn troi'n llanast, a'r gwrthwynebwyr (Lloegr gan amlaf) yn sathru arnom. Gweddïais bob eiliad na fyddai anffawd boenus neu golli'n flêr yn dod i'm rhan, pan fyddwn allan yng nghanol y môr mawr, o leiaf.

Roedd y dyddiau olaf ym Mhrydain yn un rhuthr gwyllt. Yn ffodus byddai Sera, ffrind o'r Bala, yn byw yn fy fflat yn Llundain ac felly doedd dim rhaid i fi boeni am fy nghartref tra byddwn allan ar y môr. Ond roedd gorffen gwaith a throsglwyddo fy nghyfrifoldebau wedi bod yn fwy cymhleth na'r disgwyl, a bu pacio'r angenrheidiau diwethaf yn dipyn o strach munud olaf.

Ar wahân i swper Nadolig cynnar efo'r teulu rhyw bythefnos cyn gadael, doeddwn i ddim wedi trefnu parti ffarwél. Doedd Herdip na finnau ddim yn awyddus i gael un. Roeddwn wedi crio mwy na digon wrth ffarwelio efo Karen a Duncan am y tro olaf fel roedd hi.

Roedd ffarwelio efo Jamie wedi bod yn anodd hefyd. Ers arwyddo'r siec enfawr, roedd Jamie wedi mynd allan o'i ffordd i'n cefnogi, ac wrth eistedd mewn clwb preifat yn Llundain efo Vivienne Westwood a'i ffrindiau enwog gyferbyn â ni teimlais bwysau'r byd ar fy ysgwyddau. Nid menter bersonol i ni oedd hon bellach. Roedd cymaint o bobl wedi buddsoddi eu hamser a'u harian i'n cefnogi fel y gwyddwn y byddai methu yn golygu llawer mwy na siom bersonol i'r ddwy ohonom. Byddai llwyth o bobl eraill yn cael eu siomi hefyd. Cyflwynodd Jamie anrheg i'r ddwy ohonom: breichled Links of London, efo'r geiriau 'Always believe in yourself, Jamie' wedi'u hysgythru arni. Roedd y freichled yn anrheg wych, ac yn arwydd o gefnogaeth pawb a fyddai'n teithio efo ni bob milltir o'r daith.

> *They always say that time changes things, but you actually have to change them yourself.*
> Andy Warhol

Roedd cyrraedd La Gomera yn rhyddhad, yn ddihangfa oddi wrth ddisgwyliadau bywyd ac yn gyfle o'r diwedd i ganolbwyntio'n llwyr ar y daith o'n blaen – heb ddim ymyrraeth gan gyfrifoldebau gwaith. Un o ynysoedd lleiaf y Canaries, neu'r Ynysoedd Dedwydd, yw La Gomera – tua'r un maint ag Ynys Wyth; fe'i ffurfiwyd o greigiau folcanig sy'n codi'n serth o gefnfor clir a glas yr Iwerydd. Roedd harbwr bach tawel San Sebastián a'i heddwch arferol wedi'i drawsnewid wrth i'r holl gystadleuwyr gyrraedd i baratoi ar gyfer dechrau'r ras. O ynys La Gomera y gadawodd Christopher Columbus ar ei fordaith yn 1492, heb wybod beth fyddai'n ei wynebu dros y gorwel. Mae capel bach yn San Sebastián, ac yn ôl y sôn offrymodd Columbus weddi yno cyn gadael. Rhaid felly oedd gwneud yn siŵr ein bod ninnau'n dilyn yr un arferiad.

Roedd yr awyrgylch yn San Sebastián yn drydanol, a'r dyddiau olaf yn llawn hwyl, cyffro, dagrau, prysurdeb ac ofn. Roedden ni yng nghanol pobl oedd yn rhannu'r un freuddwyd a'r un uchelgais â ni, yng nghanol criw oedd yn deall ein teimladau, a'n hysfa i lwyddo. Teimlais wefr o fod yno, ond fel pawb arall roeddwn ar bigau'r drain.

Roedd pawb yn gweithio oriau maith i sicrhau bod popeth yn barod ar gyfer y daith. Roedd rheolau manwl ynglŷn â'r offer a'r bwyd, ac roedd trefnwyr y ras yn archwilio pob cwch i sicrhau bod pawb yn barod ac yn dilyn y rheolau. O'i gymharu â chriwiau llawer o'r cychod eraill, roedden ni'n eithaf trefnus, diolch am hynny. Ond roedd digon o bethau bach i'w gwneud ac ambell beth hanfodol i'w drefnu. Roedd prynu a phacio 6,000 o galorïau yr un am 90 diwrnod yn her ynddi ei hun. Ond yn waeth na hynny, doedd ein rafft achub ddim yn addas gan nad oedd hi'n cynnwys pecyn Solas B, sef bag yn cynnwys offer achub bywyd, er i ni ofyn amdano droeon wrth ei harchebu. Gan fod San Sebastián yn lle mor fach, doedd dim posib cael gafael ar nwyddau o'r fath yno. Felly, rhaid oedd dibynnu'n llwyr ar bobl adre ym Mhrydain i ddod o hyd i bethau, ac wedyn trefnu sut i'w trosglwyddo allan i ni. Ond yn ara deg, drwy gydweithio a thipyn o lwc, daeth pethau at ei gilydd.

Ar 30 Tachwedd, dridiau cyn dechrau'r ras, daeth Mam, Dad a Gles allan i ffarwelio â ni. Er mor ddiolchgar oeddwn i iddynt am ddod allan i'n cefnogi, yng nghanol y paratoadau a'r cyfarfodydd efo Woodvale fedrwn i ddim ymlacio a mwynhau bod yn eu cwmni.

Ar noswyl y ras, tra oedd Mam, Dad a Gles yn sefyllian o gwmpas yn aros am y 'swper olaf' roedd Herdip a minnau mewn panig llwyr. Wrth osod pwyntiau lleoli i anelu atynt yn ystod y dyddiau cyntaf, llwyddais i ddileu gosodiadau'r GPS, sef y system leoli fyd-eang. Gyda chymorth Chris Martin, oedd wedi rhwyfo'r Iwerydd yn 2005, fe wnaethon ni ddarllen pob tudalen o'r cyfarwyddiadau er mwyn ailosod yr offer. Heb GPS, fedren ni ddim cychwyn i nunlle!

O'r diwedd llwyddodd y pedwar ohonom i fwynhau *pizza* blasus i swper, tra oedd Herdip yn treulio amser efo'i brawd a'i chwaer. Yn fuan wedyn syrthiais i gysgu yn dipyn haws na'r disgwyl mewn gwely clyd, sych a llonydd – am y tro olaf am gryn amser.

Bore trannoeth, sef bore'r ras, roedd amser fel petai'n aros yn ei unfan. Wedi pacio popeth, a rhoi bag enfawr i Mam a Dad ei gario'n ôl i Brydain, eisteddodd y pedwar ohonom ar sgwâr yn San Sebastián i fwyta brecwast. Roedd fy ngheg yn sych, ac roeddwn braidd yn fud wrth geisio llyncu'r frechdan gaws a ham.

Roedd pawb dan deimlad, a neb yn siŵr iawn sut i basio'r amser tan hanner dydd. Aeth Dad a finnau i lawr at *Dream Maker* i aildrefnu ambell beth, a daeth Pete van Kets, un o'r cystadleuwyr o Dde Affrica oedd yn rhwyfo yn *Gquma Challenger*, atom i ffarwelio a dymuno'n dda. Er mai dim ond ers prin bythefnos roeddwn i'n adnabod Pete, roedd o a'i bartner rhwyfo, Bill Godfrey, wedi bod yn ffeind iawn, ac wedi treulio llawer o amser yn rhoi cyngor i ni pa lwybr i'w ddewis ar gyfer croesi, a pha fath o dywydd i'w ddisgwyl yn y dyddiau cyntaf. Ysgydwodd law efo Dad a dweud, 'You've got a very brave daughter.' Collodd fy nghalon guriad. Ar yr eiliad honno, y peth olaf oeddwn i'n ei deimlo oedd dewrder.

Ffarwelio, cofleidio, dymuno'n dda, rhannu geiriau o gyngor, tynnu llun ar ôl llun, y cwbwl yn un cylch diddiwedd nes y bu'n rhaid imi ddianc a chuddio ar *Dream Maker*. Fedrwn i ddim dioddef oedi am eiliad yn hwy, felly mynnais rwyfo at y llinell gychwyn ryw hanner awr cyn dechrau'r ras. Wrth wthio'r cwch allan oddi wrth wal yr harbwr am y tro olaf, roedd hi'n haws cuddio emosiynau y tu ôl i sbectols haul.

If you are going through hell, keep going.
Winston Churchill

Am hanner dydd ar 2 Rhagfyr, canodd y corn i arwyddo dechrau'r ras. Dau ar hugain o gychod rhwyfo yn cychwyn ar antur oes, a'r harbwr yn llawn bwrlwm. Ond o fewn tair awr, a'r tonnau'n cynyddu o ran maint, doedd dim posib gweld yr un o'r cychod eraill. Yn fuan iawn dechreuodd Herdip fynd yn sâl môr. Ond roedd hi'n teimlo'n well wrth rwyfo nag wrth orffwyso, diolch byth. Medrem, felly, ddal ati i rwyfo am yn ail, gan newid drosodd bob dwy awr, yn ôl y bwriad. Pasiodd y noson gyntaf yn un hunllef dywyll, oer a gwlyb. Dyna'r noson fwyaf annioddefol yn fy hanes, a doedd dod allan i rwyfo'r bore canlynol yn ddim haws chwaith. Roedd y ddwy ohonom yn dechrau teimlo effaith gorfforol rhwyfo am bron i bedair awr ar hugain heb fedru bwyta bron ddim. Er nad oeddwn i'n sâl, doedd gen i ddim awydd bwyd.

Un o sgileffeithiau'r cyffur atal salwch môr yw syched eithriadol, ac felly roedd hi bron yn amhosib cnoi unrhyw fath o fwyd efo cymaint o syched. Roedd y diffyg cwsg yn gwneud i mi deimlo'n gyfoglyd iawn hefyd. Yn ffodus, roedden ni wedi pacio pinafal ac eirin gwlanog mewn sudd, a dim ond y rhain fedrwn i eu llyncu ar y diwrnod cyntaf hwnnw.

Yn fuan ar yr ail fore daeth y newyddion fod y *Titanic Challenge*, un o'r cychod eraill, allan o'r ras yn barod ar ôl i un o'r criw ddisgyn dros yr ochr i'r môr a threulio tri chwarter awr yn y dŵr yn disgwyl am gael ei achub. Drwy drugaredd, doedd o ddim gwaeth ond roedd wedi dychryn gormod i barhau efo'r ras. Rhoddodd hyn dipyn o ofn i ni wrth i ni sylweddoli pa mor hawdd y medrai popeth fod ar ben, mewn mwy nag un ystyr.

A ninnau'n teimlo isel, neidiodd Herdip oddi ar ei sedd wrth iddi sylwi ar tua ugain dolffin yn nofio o'n hamgylch o fewn cylch o tua phymtheg metr. Roedden nhw fel petaent wedi synhwyro ein hiselder ysbryd, ac wedi dod atom i berfformio ac i godi'n calonnau. Roedd hwn yn hwb heb ei ail – am blwc. Ond allan ar y môr mae emosiynau yn gyfnewidiol iawn, ac yn medru newid mewn mater o eiliadau, a hynny'n aml heb unrhyw reswm. Wrth edrych ar y dolffiniaid yn nofio o'n cwmpas roedden ni ar ben y byd, yn llawn hapusrwydd wrth fwynhau'r sefyllfa unigryw. Ond eiliadau'n ddiweddarach, wedi iddynt ddiflannu i'r gwaelodion, suddodd ein hysbryd ninnau gyda nhw.

Deng awr ar hugain ar ôl cychwyn y ras, roedd Herdip yn dal yn sâl. Ond fedrwn i ddim fod wedi rhag-weld yr effaith yr oedd y salwch môr yn ei gael arni. Penderfynodd, os na fyddai hi'n teimlo'n well yn fuan, y byddai'n rhoi gorau iddi ac yn gofyn i Woodvale drefnu i'w nôl. Er nad oeddwn i wedi meddwl am fawr ddim arall ers gadael y lan, roedd teimlo hynny yn hollol wahanol i'w ddweud yn agored. Unwaith yr oedd datganiad felly wedi'i wneud, doedd dim posib osgoi'r posibilrwydd wedyn, a doedd dim posib trafod dim arall heb iddo fod yn hofran yn y cefndir. Yn anffodus, doedd gwynt y môr ddim wedi dwyn y frawddeg o'm clyw, a doedd dim posib anwybyddu'r peth. Fedrwn i ddim meddwl am ddim arall. Wedi trafod dwys llwyddais i'w pherswadio i aros am wythnos gron gyfan o leiaf. Byddai wythnos yn ddigon o gyfnod i ddod dros y salwch môr, ac os byddai'n rhaid iddi roi'r gorau iddi, yna byddai wythnos yn gyfnod ychydig bach mwy parchus i berswadio pawb adre ein bod ni wedi gwneud ymdrech deg, o leiaf.

Roedd y ddwy neu dair noson ganlynol yr un mor ddiflas a doedd dygymod â rhwyfo yn y tywyllwch ddim yn dod yn haws. Heb allu gweld cyfeiriad y tonnau fedren ni ddim paratoi ar eu cyfer, ac roedd ton ar ôl ton yn golchi drosom. Gan fod blinder a diffyg cwsg bellach yn felltith, roedden ni'n cael trafferth aros yn effro wrth rwyfo ac yn ei chael hi'n amhosib i gadw'n gynnes yn y nos. Roedd y tymheredd yn disgyn yn arw wrth i'r haul fynd i lawr. A ninnau'n wlyb drwy'r amser, roedden ni'n rhynnu at fêr ein hesgyrn yn yr awel fain. Oherwydd ein diffyg hyder yn y tywyllwch fe benderfynon ni ganolbwyntio ar lywio'r cwch yn unig, gan ddibynnu ar y llanw i'n cludo i'r cyfeiriad cywir yn hytrach na rhwyfo am y nosweithiau cyntaf. Er bod hynny'n gwneud i ni deimlo'n well o ran diogelwch, roedd eistedd yno am ddwy awr, heb greu gwres drwy rwyfo, yn golygu ein bod ni'n dioddef fwy fyth o'r oerfel. Er mwyn gallu dal arni, dechreuodd y ddwy ohonom wisgo ein siwtiau goroesi. Hyd heddiw, fedra i ddim dychmygu gallu gwisgo un o'r rhain ar frys mewn argyfwng. Roedd hi'n her a hanner ymbalfalu i mewn iddynt, ac yng nghaethiwed y caban bach, heb brin le i eistedd i fyny, roedd pethau'n anoddach. Doedd dim pwynt tynnu'r siwt oroesi wrth orffwyso adeg egwyl neu fyddai dim amser ar ôl i gysgu cyn gorfod ei gwisgo eto ar gyfer ailgydio yn y rhwyfau. Ond yn ystod y ddwy awr o eistedd yn y tywyllwch, a 'mhen i lawr er mwyn osgoi cael llond wyneb o ddŵr hallt, y siwtiau goroesi a'n cadwodd ni i fynd. Roedd o'n rhyw fath o fonws bryd hynny nad oedden ni'n medru yfed a bwyta rhyw lawer, ac felly heb fod angen y tŷ bach yn aml iawn.

Bu'r diffyg cwsg yn felltith annioddefol. Roedd hi bron yn amhosib cadw'n effro wrth rwyfo yn ystod y nos, efo golau'r cwmpawd yn neidio i bob cyfeiriad gan greu pob math o siapiau llachar o flaen ein llygaid blinedig. Ond pan ddeuai'r cyfle i orffwys, fedrwn i ddim ymlacio a chysgu chwaith. Roedd rhai tonnau yn taro yn erbyn y caban gyda chymaint o rym nes creu sŵn tebyg i drên cyflym yn taro yn ein herbyn. A hyd yn oed pe medrwn gysgu drwy'r sŵn, byddai cael fy hyrddio ar draws y caban yn siŵr o'm deffro!

Yn y dyddiau cyntaf byddai Herdip yn aml yn gweiddi arnaf am gymorth pan fyddai pysgodyn yn glanio ar y dec neu os oedd hi'n ansicr o'r cyfeiriad roedden ni'n anelu ato.

A bryd hynny gofynnodd i mi gysgu efo'r hatsh ar agor gan ei bod hi'n teimlo mor ansicr allan ar y dec ar ei phen ei hun yn y nos. Cawn freuddwydion mor fyw ac mor glir fel y meddyliwn yn aml iawn fy mod i'n clywed Herdip yn gweiddi ei bod hi'n amser newid drosodd. Ambell dro ymlwybrais allan o'r sach gysgu, ailwisgo'r dillad gwlyb a chychwyn camu allan ar y dec cyn sylweddoli nad oeddwn wedi bod ynghwsg ond prin chwarter awr. Byddai'r blinder mor llethol fel na fyddai syllu ar fy oriawr am funudau lawer yn rhoi unrhyw awgrym i mi faint o egwyl oedd gen i ar ôl.

Erbyn y trydydd diwrnod roedd Herdip yn dal i ddioddef cyfog, a heb fwyta dim. Roedd gwres y dydd yn annioddefol iddi hefyd, ac roedd y ddwy ohonom yn dechrau poeni am ei chyflwr ac am wneud rhywbeth rhag iddi waethygu. I fanteisio ar y ffaith ein bod ni'n nyrsys, roedden ni wedi pacio nodwyddau a chyffuriau cryf ychwanegol, gan gynnwys hylif y medrem ei fwydo drwy wythïen. Teimlai'r ddwy ohonom y byddai'n synhwyrol, felly, i roi ychydig o'r hylif iddi. Doedd fy hyfforddiant nyrsio ddim wedi fy mharatoi at ddod o hyd i wythïen wrth siglo'n ôl ac ymlaen mewn cwch rhwyfo ar yr Iwerydd. Ond drwy lwc, llwyddais i ddod o hyd iddi a chwistrellu cyffur cryfach at drin y salwch, ynghyd â hylif oedd yn gymysgedd o halen a siwgr i roi nerth iddi. Roedd hynny'n fendith, ac yn fuan iawn roedd hi'n teimlo'n gryfach. Yn anffodus, gall cyffuriau cryf achosi sgileffeithiau, a rhoddodd fraw i'r ddwy ohonom wrth iddi fynnu ei bod hi'n gweld milwr yn eistedd ar flaen y rhwyfau'r noson honno!

Gyda chyflwr Herdip fel roedd o, roeddwn i'n gorfodi fy hun i yfed a bwyta er mwyn sicrhau fod o leiaf un ohonom â'r nerth i barhau. Fuodd siocled erioed mor bwysig, a dechreuais ddod i ddeall y cysyniad o fwyta i fyw yn hytrach na byw i fwyta – tipyn o beth i rywun fel fi sydd â chymaint o flas at fwyd fel arfer.

Ar y drydedd noson, ychydig wedi iddi dywyllu a ninnau'n dechrau ymgyfarwyddo â'r tywyllwch, ymddangosodd llong deithio foethus ar y gorwel. O fewn munudau roedd y llong enfawr yn ein hymyl, ac am gyfnod roedden ni'n sicr ei bod hi'n anelu'n syth amdanom. Ofn pennaf unrhyw un sy'n rhwyfo'r moroedd yw cael gwrthdrawiad efo llong fawr. Er bod y siawns i hynny digwydd yng nghanol y gofod eang sydd allan ar y môr yn siŵr o fod yn fach, mae o wedi digwydd, a gŵyr pawb y byddai anffawd o'r fath nid yn unig yn ddiwedd ar y croesi, ond hefyd yn berygl mawr i fywyd.

Un darn o offer hollbwysig ar bob cwch rhwyfo yw Sea-Me. Mae'r Sea-Me yn derbyn arwydd radar gan longau yn y cyffiniau, ac yn ei chwyddo cyn ei yrru'n ôl i ddangos ein bod ni yno. A ninnau mor fach ac mor isel ar y môr, fyddai dim disgwyl i'r un llong ein gweld ni fel arall. Yn aml mae cwch rhwyfo fel ein cwch ni yn is na'r tonnau. Byddai'r Sea-Me yn ein rhybuddio efo larwm, a fyddai'n canu yn amlach ac yn uwch fel y byddai'r llong yn agosáu.

Ar y cyfan, mae llongau'n teithio tua deunaw i ugain milltir fôr yr awr, ac felly, o'r amser pan fydd llong yn ymddangos ar y gorwel tua thair milltir i ffwrdd, does dim ond rhyw naw munud i fedru osgoi gwrthdrawiad. Roedden ni'n teithio tua dwy filltir fôr yr awr ar gyfartaledd, sy'n llawer rhy araf i rwyfo allan o ffordd unrhyw long. Yr unig opsiwn, felly, oedd ymdrechu i gysylltu efo'r llong ar radio VHF a gofyn i'r capten newid cyfeiriad. Ond y noson honno, doedden ni'n cael dim lwc wrth gysylltu efo capten y llong, a daeth panig llwyr drosom. Yr opsiwn nesaf oedd gyrru fflêr wen i'r awyr i'w rhybuddio ein bod ni yno. Tasen ni'n fwy profiadol, mi fasen ni wedi rhag-weld yn llawer cynt fod y llong yn teithio ar ongl a fyddai'n mynd heibio i ni'n ddiogel, ac wedi osgoi gwastraffu amser ac egni yn sefyll ar y dec yn crynu wrth chwilio'n wyllt am fflêr i'w thanio i'r awyr.

Yn ystod y nosweithiau cyntaf hynny, roedden ni'n dibynnu llawer ar y para-angor, sef parasiwt mawr 12 troedfedd ar raff 30 troedfedd. Wrth i'r parasiwt lenwi efo dŵr rhyw led ton neu ddwy oddi wrthym, byddai'r pwysau'n gweithio fel angor gan rwystro'r gwynt rhag ein chwythu ni'n ôl i'r cyfeiriad anghywir. Yn anffodus, doedd o ddim yn gweithio mor llwyddiannus â hynny bob tro ac roedd hi'n aml yn gêm o lwc ac o ddyfalu faint o raff i'w gollwng allan ac ym mha fath o fôr i'w defnyddio. Roedd ein diffyg profiad yn golygu ein bod ni'n treulio oriau lawer yn eu gollwng allan ac wedyn yn eu tynnu'n ôl i mewn, dro ar ôl tro. Er bod lein-ollwng, roedd angen nerth fel arth i'w tynnu'n ôl i mewn, a ninnau'n cael ein taflu o'r naill gyfeiriad i'r llall ar y dec. Ambell waith byddai ton yn tynnu yn ein herbyn gan rwygo'r rhaff o'n gafael yn gyflym gan adael briwiau dolurus ar ein dwylo – dwylo oedd eisoes yn frith o swigod a achoswyd gan yr holl rwyfo.

Efo cymaint o raff a darnau i'w clymu efo'i gilydd roedd hi'n hawdd drysu'n llwyr a cholli pob gobaith am ddarganfod y naill ben na'r llall. Roedd hi'n grefft gwybod i ba gyfeiriad i'w thaflu allan, a faint o raff i'w defnyddio. Os byddai'r gwynt yn newid cyfeiriad yn sydyn, ac roedd hynny'n digwydd yn aml, byddai'n chwythu'r cyfan yn ôl tuag atom yn un cwlwm mawr.

Dyna ddigwyddodd unwaith yn ystod yr wythnos gyntaf. O fewn munudau fe sylweddolon ni fod y rhaff wedi'i chlymu ei hun am y llyw. Efo nerth y gwynt yn ein gwthio yn erbyn y para-angor, a oedd bellach yn gorffwys yn ddwfn yn y tonnau, gofidiem y câi'r llyw ei rwygo i ffwrdd. Byddai hynny, wrth gwrs, yn drychineb enfawr. Fe ymdrechon ni bob ffordd i ryddhau'r llyw, ond heb unrhyw lwc. Torri drwy'r rhaff efo cyllell oedd un o'n hopsiynau ond byddai hynny'n golygu colli'r para-angor, a doedden ni ddim am fentro hynny. Ar y pryd teimlem nad oedd dim dewis ond neidio i mewn i'r môr a gweithio o dan y cwch i ryddhau'r rhaff. Doedd Herdip ddim yn hoffi'r syniad. Roedd y môr yn arw ac roedd hi'n bell o fod yn beth call i fynd i nofio ynddo. Ond fedrwn i ddim meddwl am unrhyw ffordd arall o osgoi gweld y llyw neu'r para-angor yn diflannu i waelodion y môr.

Felly, neidiais i mewn a theimlo oerfel y môr yn cydio amdanaf. Gafaelais yn dynn am y rhaff oedd wedi'i chlymu'r holl ffordd o gwmpas y cwch. Gyda thon ar ôl ton yn ein taflu i bob cyfeiriad, roeddwn yn teimlo pwysau'r cwch i gyd yn tynnu'n boenus ar fy mhenelin. Ymlwybrais at gefn y cwch er mwyn cyrraedd y llyw. Daliais fy ngwynt a suddo dan ben ôl *Dream Maker*. Wrth wisgo gwydrau nofio roeddwn i'n gallu gweld popeth, a chychwyn ar y broses o ryddhau rhaff y para-angor gan afael yn dynn ynddi yr un pryd. Doedd y tennyn a wisgwn am fy ffêr ddim yn ddigon hir i mi fedru cyrraedd y llyw, felly tynnais hwnnw i ffwrdd, a dibynnu'n llwyr wedyn ar fy ngafael i'm hatal rhag cael fy llyncu gan y tonnau mawrion.

O'r diwedd llwyddais i dynnu'r rhaff yn rhydd oddi wrth y llyw, a oedd bron yn fetr o hyd, a'i rhyddhau. Roeddwn allan o wynt yn llwyr wrth i mi symud yn ôl at ochr y cwch a defnyddiais bob mymryn o egni oedd gen i ar ôl i ymbalfalu dros yr ochr a dringo'n ôl i ddiogelwch y dec.

> *You are never given a wish without also being given*
> *the power to make it true.*
> *You may have to work for it however.*
> Richard Bach

Er nad oedd pethau wedi bod mor ddrwg â'r noson gyntaf honno, doedd y sefyllfa ddim fel petai'n gwella rhyw lawer chwaith. I wneud pethau'n waeth, roedd rhai eitemau o'n hoffer eisoes yn dechrau malu. Roedd golau'r cwmpawd wedi diffodd o fewn tridiau, a finnau wedi anghofio pacio batri ychwanegol ar ei gyfer, ac ar ôl dim ond naw diwrnod doedd y teclyn cynnau fflam ar y stof ddim yn gweithio – roedd tamprwydd y caban yn effeithio ar bob darn o offer trydanol. Wrth reswm, bwyd oedd un o'r anghenion pwysicaf, a heb dân i gynhesu dŵr i baratoi bwyd fyddai pethau ddim yn edrych yn addawol iawn arnon ni i barhau heb gymorth o ryw fath.

Fel pob un o'r cychod eraill roedden ni am fod yn hollol hunangynhaliol ar y fordaith hon. Doedd gofyn am gymorth allanol ddim yn opsiwn y dymunem ei ystyried felly, yn arbennig yn ystod yr wythnos gyntaf. Ond drwy lwc, roedd David, cariad Herdip, wedi pacio taniwr ychwanegol i ni, un pwrpasol ar gyfer amgylchedd llaith fel hyn, a fedren ni ddim diolch digon iddo am hwnnw. Naw mis cyn dechrau'r ras roedd Herdip wedi cyfarfod David, a'r ddau wedi bod yn canlyn yn selog byth ers hynny, er iddi gadw hynny'n gyfrinach am y tri mis cyntaf. Yng nghanol ei holl ddioddefaint, roedd hi'n amlwg yn hiraethu am David yn fwy na dim.

Roedd hi fel petai popeth yn arbennig o anodd i Herdip; doedd cysgu, hyd yn oed, ddim yn dod yn hawdd iddi. Roedd hi'n methu yn ei byw â defnyddio'r taniwr i gynnau fflam y stof. Teclyn digon tila oedd o beth bynnag, â rhoden aloi ac ergydiwr llipa. Ond roedd Herdip yn llosgi ei bysedd neu'n difetha nwy prin ar bob cynnig, a hynny'n achosi tyndra rhyngom. Roedd penderfynu faint o nwy i'w gludo efo ni ar y daith wedi bod yn benderfyniad cymhleth – dim digon, ac roedd peryg iddo orffen. Ond doedd dim synnwyr mewn mynd â gormod efo ni. Doedd ganddon ni ddim lle i gludo gormodedd o ddim, beth bynnag. Hyd yn oed ar ôl amcangyfrif faint o ddŵr y byddai un tun yn ei ferwi, a chyfrif sawl litr o ddŵr poeth fydden ni ei angen am naw deg diwrnod, roedd y nwy i gyd wedi mynd ar goll wrth iddo gael ei gludo o Brydain. O ganlyniad, roedden ni wedi gorfod dibynnu'n llwyr ar y cystadleuwyr eraill i rannu eu cyflenwad nhw efo ni, a chychwyn efo llai na'r hyn a fwriadwyd yn wreiddiol.

Oherwydd y peryg o achosi tân yn y caban, roedden ni'n defnyddio'r stof allan ar y dec, gyda braced arbennig i'w dal fel ei bod hi'n siglo efo'r tonnau heb golli'r un diferyn o ddŵr. Roedd hyn i gyd yn digwydd wrth draed pwy bynnag fyddai'n rhwyfo ar y pryd ac felly doedd dim dewis ond gwylio'r perfformiad yn fanwl. Roedd y broses o estyn popeth allan o waelodion y cwch – y stof, y cynhwysydd nwy, y tegell, dwy fflasg – gosod popeth efo'i gilydd, cynnau'r fflam a dechrau berwi'r dŵr yn gofyn am drefnu gofalus. Cymerai hyn gryn amser, yn enwedig yn y dyddiau cynnar hynny pan oedden ni'n dal i ddysgu a dygymod â'r drefn newydd. Roedd hwn yn amser gwerthfawr, a fyddai fel arall yn cael ei ddefnyddio i orffwyso, ac yn bwysicach fyth – i gysgu. Ond methu meistroli'r gamp wnaeth Herdip ac felly doedd dim dewis gen i ond cymryd at yr awenau'n llwyr. Ar un llaw, roedd hi'n amlwg mai dyna'r peth rhesymol i'w wneud. Fedren ni ddim fforddio gwastraffu nwy, a doedd dim pwrpas i Herdip losgi ei bysedd bob dydd. Ond ar y llaw arall, roeddwn i'n melltithio'r ffaith y byddwn i'n colli pymtheg i ugain munud o egwyl ddwywaith y dydd, a hynny bob dydd, oherwydd na fedren ni rannu'r cyfrifoldeb yn deg rhwng y ddwy ohonom.

Er i mi ymdrechu'n galed i guddio 'nheimladau am y sefyllfa anffodus, roedd hi'n amhosib, a gwyddwn y byddai'n dod yn destun ffrae rhyw ben cyn diwedd y daith. Wrth i'r wythnos gyntaf ddirwyn i ben yn araf, roeddwn yn ofni wynebu'r drafodaeth anochel ynglŷn â pharhad y daith. Roeddwn i bellach yn dechrau ymgyfarwyddo â'r drefn. O'r diwedd roeddwn yn dechrau dygymod yn weddol hefyd â'r diffyg cwsg, a gwyddwn fy mod i'n fwy penderfynol nag erioed o gwblhau'r daith. Ond synhwyrais nad oedd pethau'n gwella cyn belled ag roedd Herdip yn y cwestiwn, ac ofnwn y byddai hi'n dal i fod o blaid gadael y cwch. Treuliais aml i awr wrth rwyfo yn paratoi ar gyfer y drafodaeth, a phenderfynu mai gosod nod arall iddi anelu ato cyn rhoi'r gorau iddi'n gyfan gwbl fyddai orau.

> *Two men look through the same bars.*
> *One sees the mud and one the stars ...*
> Anhysbys

Yn dilyn ein trafodaethau efo Pete a Bill ar *Gquma Challenger*, roedden ni wedi penderfynu anelu tuag at 20° Gogledd a 30° Gorllewin. Wedi meddwl yn hir am y mater a chydnabod nad oedd ganddon ni'r nerth i rwyfo milltiroedd maith i chwilio am y gwyntoedd cyson a'r cerrynt cyffredinol, roedden ni wedi penderfynu rhwyfo mewn llinell syth er mwyn lleihau cyfanswm y milltiroedd i'w rhwyfo, yn hytrach na mynd i lawr i'r de. Erbyn deall, dim ond ni a ddewisodd y llinell honno, ac wrth edrych yn ôl, dwi'n sylweddoli fod hynny wedi effeithio ar ein safle ni yn y ras.

Y nod newydd, felly, oedd perswadio Herdip i ddyfalbarhau nes y bydden ni wedi cyrraedd 20° Gogledd a 30° Gorllewin. Byddai hynny, yn wir, yn dangos ein bod wedi gwneud ymdrech dda, ac yn ôl yr ystadegau hanesyddol roedd y rhai a fyddai'n ildio yn fwy tebygol o wneud hynny o fewn yr wythnos gyntaf. Os medren ni ddal ati am dros wythnos, teimlwn yn ffyddiog y bydden ni'n medru croesi'r holl ffordd wedyn. Wrth lwc, cytunodd Herdip.

Er fy mod i'n dechrau dygymod â'r ffordd o fyw, roeddwn innau'n dioddef sgileffeithiau rhwyfo am ddeuddeg awr y dydd. Gyda thair rhan o'r corff mewn cysylltiad efo'r cwch bob amser wrth rwyfo – y traed, y dwylo a'r pen-ôl – roeddwn, i fel pawb arall, yn dioddef.

Roedd ein traed wedi'u clymu mewn strapiau, a'r droed dde yn gyfrifol am reoli cyfeiriad y llyw. Yn ffodus, roedden ni wedi cael ein noddi gan gwmni Musto, ac felly wedi cael siwtiau goroesi ac esgidiau pwrpasol ar gyfer bod allan ar y môr. Roedd ein hesgidiau dec yn berffaith ar gyfer y fenter, nid yn unig yn rhoi mymryn o afael i ni wrth ymdrechu i gerdded ar y dec, ond hefyd yn arbed ein croen rhag cael ei dorri'n ddarnau o dan y strapiau. O glywed hynt a helynt y rhwyfwyr eraill roedden ni'n ddiolchgar fod ein traed yn un darn. Dim ond ambell boen yn y ben-glin dde o dan bwysau cywiro ein cyfeiriad yn rheolaidd oedd gen i i'w ddioddef.

Ond o fewn yr oriau cyntaf roedd swigod wedi ymddangos ar ein dwylo. Er ein bod ni wedi prynu menig at y daith, doedden nhw'n helpu dim. Efo ton ar ôl ton yn golchi drosom roedden nhw'n wlyb domen yn fuan iawn. Heb y menig roedd mymryn o obaith i'r dwylo sychu rhwng pob ton, ac roedd hynny'n well i gyflwr y croen. O fewn dyddiau roedd y swigod wedi byrstio gan waedu ar hyd y rhwyfau, a halen y môr yn llosgi i'r byw. Ond yn fuan iawn tyfodd croen newydd caled dros y swigod gan ganiatáu i ni afael yn well am y rhwyfau a rhwyfo'n fwy effeithiol. Ond mae gafael yn dynn am rwyf am ddeuddeg awr y dydd yn golygu fod y dwylo'n addasu i'r siâp hwnnw'n naturiol – hyd yn oed pan nad ydych chi'n rhwyfo. Yn aml iawn bydden ni'n deffro ar ôl egwyl a chael ein dwylo ar siâp y llythyren 'c'. Mae'r hyn a elwir yn llaw grafanc yn un o sgileffeithiau cyffredin rhwyfo cefnfor, a'r boen sy'n saethu i fyny'r breichiau wrth ymdrechu i sythu'r bysedd yn destun trafod am oriau.

'Tydi eistedd am ddeuddeg awr y dydd ar foethusrwydd soffa, neu ar gadair gwaith hyd yn oed, yn ddim o'i gymharu ag eistedd ar sedd rwyfo fach a chaled. Roedd pawb wedi ein rhybuddio am y briwiau halen a fyddai'n torri croen y pen-ôl yn ddarnau, ond roeddwn i'n dioddef mwy o boen pwysau *(pressure pains)*, oedd yn gwneud i mi deimlo bod pob modfedd o asgwrn a chyhyr yn fy mhen-ôl yn un clais mawr.

A finnau efo pen-ôl mor fawr roeddwn wedi gobeithio y byddai'r holl fraster yn badin ychwanegol i mi! Ond nid felly roedd hi, ac yn fuan iawn dechreuodd y boen ymyrryd â'm gallu i rwyfo'n gyson am ddwy awr ar y tro. Yn aml iawn byddwn yn gwneud rhyw ddawns fach wrth rwyfo, gan symud o un foch i'r llall mewn ymdrech i leddfu'r boen.

Ond yr hyn a achosai'r boen fwyaf arteithiol wrth rwyfo oedd y rhwyfau'n taro yn erbyn blaen y goes. Yn aml iawn byddai ton yn taflu'r cwch i'r awyr, ac eiliadau'n ddiweddarach mi fydden ni'n glanio ar y don nesaf. Ambell dro mi fydden ni'n glanio fymryn i'r ochr, a rhwyf yr ochr honno'n taro'r dŵr yn gyntaf. Byddai hyn yn digwydd mor sydyn ac mor nerthol nes y byddai'r rhwyf yn cael ei rhwygo o'n llaw ac yn taro'n galed yn erbyn gwaelod y goes, a holl bwysau'r cwch yn trafaelio drwyddi. Gallai hyn ddigwydd dro ar ôl tro mewn cyfnod o ddwy awr, ac yn amlach na pheidio, byddai'n taro'r un darn yn union bob tro. Roedd y boen yn annioddefol. Roedd blaen fy nghoesau'n gleisiau poenus, a'r boen yn trafaelio drwy fy nghorff i gyd bob tro. Am eiliadau byr byddwn yn colli pob rheolaeth ar fy synhwyrau ac yn gweiddi allan mewn poen tra byddai dagrau mawr yn llosgi fy llygaid.

Fedren ni ddim meddwl am ddim byd i atal y peth rhag digwydd. Roedden ni eisoes wedi newid y seti fel ein bod yn eistedd fodfedd yn is yn y cwch. Ambell waith byddai modd gafael yn y rhwyf a defnyddio'r bysedd yn glustog er mwyn esmwytho'r boen. Roedd Herdip yn llwyddo i wneud hyn dipyn yn well na fi, ac ar ôl ystyried, sylweddolais fod bysedd Herdip i gyd bron iawn hanner modfedd yn hirach na'm rhai i, gan ei galluogi hi i afael am y rhwyfau gyda'i bysedd a'i bawd yn croesi ei gilydd. Roedd fy nwylo i mor fach fel bod bron i fodfedd o fwlch rhyngddynt. Gyda phedair awr ar hugain y dydd i bendroni, hawdd yw sylwi ar y manylion lleiaf.

Diwrnod fy medyddio yn haf 1976, efo Dad, Mam, Meilir, Glesni a Dylan (o'r chwith). Mae Dylan yn edrych yn arbennig o hapus o groesawu ei chwaer fach newydd.

Merch ffarm addawol yn y dyddiau cynnar!

Dechrau fy niddordeb mewn chwaraeon – beic newydd gan Siôn Corn!

Dad a Mam efo fi'n graddio'n MSc.

Ein tylwyth ni – plant Dylan, Meilir a Glesni efo'u modryb wirion, yn eu crysau-T Ocean Angels.

Cefnogaeth gan Non, Heledd a Sara ar ddechrau triathlon y Bala.

Ar ddechrau ail ddiwrnod ras yr anialwch – un o dri o Gymru yn cystadlu.

Yng nghanol sgarmes rygbi, London Wasps 2004.

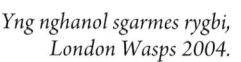

Blackheath, Llundain, Gorffennaf 2006 ar ôl beicio o Baris mewn tri diwrnod a hanner – antur gyntaf Herdip a minnau efo'n gilydd.

Gorffen ras yr anialwch wrth y pyramidiau.

Dechrau ymgyrch y Nautical Nurses.

Swper ffarwelio, a chinio Nadolig cynnar efo'r teulu a Rhun, fy mab bedydd, cyn mordaith yr Iwerydd.

Gwion, Dafydd a Catrin, plant Dylan fy mrawd ar Dream Maker.

Rhwyfo dan enfys! Yn hapus iawn yn rhwyfo Dream Maker
ar draws Cefnfor Iwerydd.

Dathlu diwrnod Nadolig yn Dream Maker, *ar Gefnfor Iwerydd,*
gydag ymweliad gan y cwch Kilkullen.

*Dad, Gles a Mam yn fy nghroesawu gyda baner Cymru
ar Nelson Dock, Antigua, 17 Chwefror 2008.*

*Gwên o ryddhad wedi glanio yn Antigua,
ar ôl 77 diwrnod yn rhwyfo Cefnfor India.*

Herdip a minnau'n cofleidio
ar ôl glanio yn Antigua.

Chwifio baner Cymru, eiliadau cyn sefyll ar dir sych
am y tro cyntaf yn Antigua.

Gwên fawr! Gweld Nain am y tro
cyntaf ar ôl gorffen mordaith yr
Iwerydd!

Efo Dad, Gles fy chwaer, ac Ilan Aled,
ei mab, ar ben yr Wyddfa
– diwrnod teuluol i ddathlu
dychwelyd o groesi'r Iwerydd.

Jo Bardoe, Jamie Hopkins, Mia Bardoe, Lucy Jameson a Henry Jameson yn fy nghroesawu adre ym maes awyr Heathrow ar ôl croesi Cefnfor Iwerydd – pump a fu mor hanfodol i'r ymgyrch.

Ar linell gychwyn ras rhwyfo Cefnfor India – 19 Ebrill 2009, gyda dau o'r naw cwch arall.

Yr 'Angylion' yn cael egwyl.

*Tair 'Angel' yn mwynhau
Cefnfor India.*

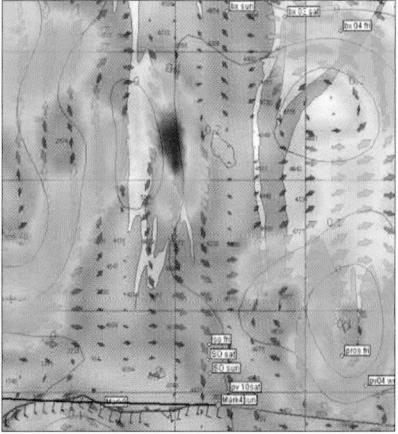

*Rhagolygon y tywydd a'n safle, diwedd Ebrill
2009, ar Gefnfor India. Mae'r gwyrdd yn
dynodi tywydd ffafriol ac mae'r lliw coch
yn dynodi lle i'w osgoi.*

Neidio i Gefnfor India er mwyn ymlacio yn y tywydd poeth!

Rhwyf ar y môr tawel.

Mwynhau Cefnfor India.

Awyr gyfnewidiol India, a'i lliwiau hardd.

Mwynhau cyfle i dorheulo ym moethusrwydd Pura Vida.

Hyrddwynt yn agosáu.

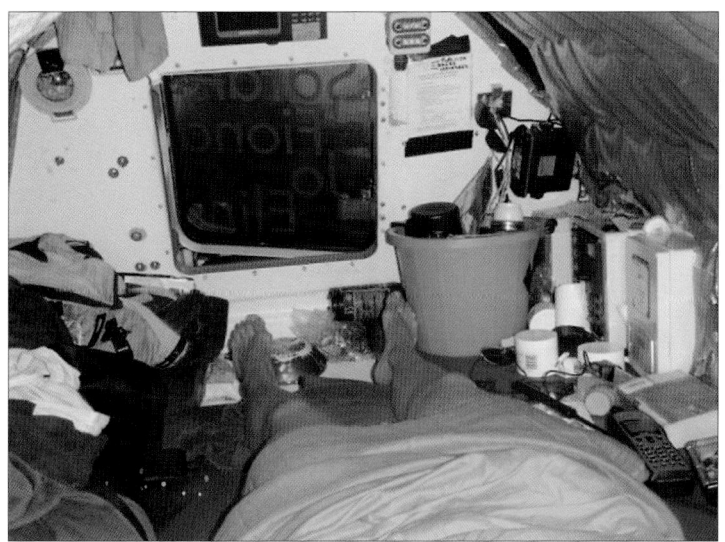

Moethusrwydd caban ôl Pura Vida.

Nofio yng Nghefnfor India,
rai cannoedd o filltiroedd o'r tir!

Hatch *caban ôl* Pura Vida, *a llu o luniau teulu a ffrindiau*
a'n diddanodd am lawer awr.

Pura Vida *heb ei chriw ar Gefnfor India*

Llong enfawr ar y gorwel agos – achos ambell hunllef ac ofn mawr!

Cymryd seibiant o'r rhwyfo ar Pura Vida.

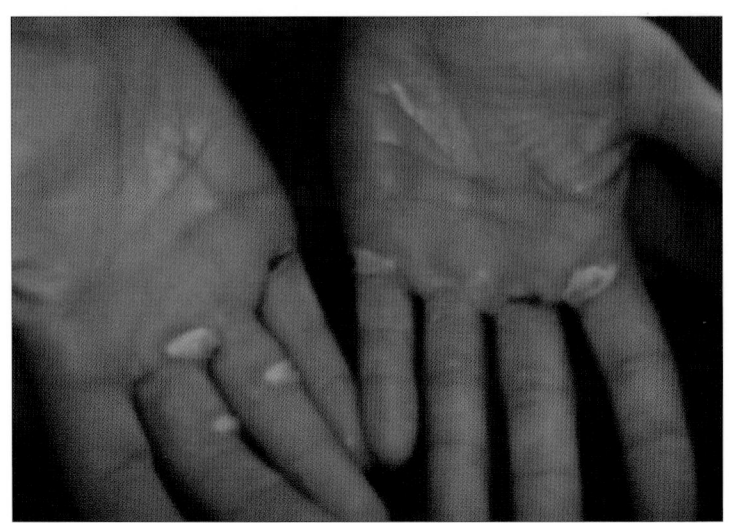

Dwylo pothellog, poenus yn y dyddiau cynnar oherwydd yr holl rwyfo.

Yr haul yn gwawrio, gan roi hwb enfawr inni
ar ôl nosweithiau tywyll, hir.

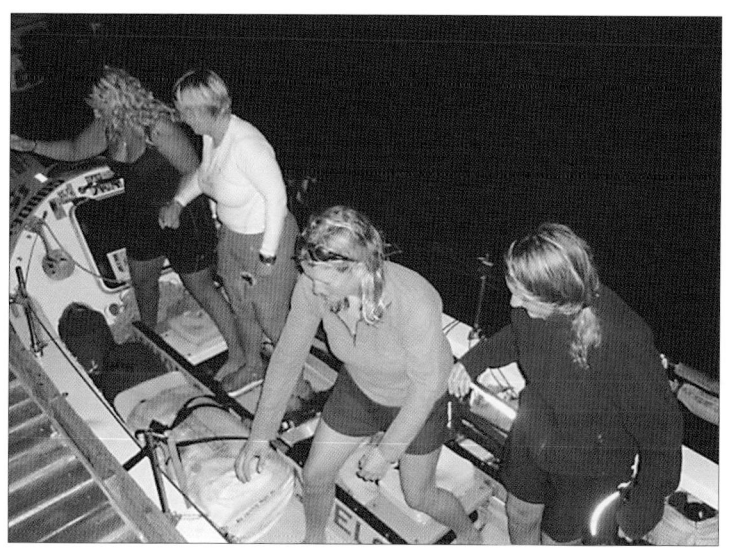

Yr Ocean Angels *ar fin camu ar dir sych
wedi rhwyfo Cefnfor India am 78 diwrnod.*

*Efo Sara Fflur, Ilan Aled a Sarah ar ôl glanio ym Mauritius, ac yn mwynhau
ffrwythau ffres am y tro cyntaf ers 11 wythnos.*

Yr Ocean Angels *yn dathlu ar ôl gosod record byd,*
ar draeth Mauritius.

Derbyn gwobr gan Brif Weinidog Cymru, Rhodri Morgan,
am wasanaeth i Gymru, Medi 2009 ar ôl dychwelyd o fordaith India.

Bron i bythefnos ar ôl cychwyn ymddangosodd lleuad lawn yn yr awyr. Gan nad oedd yr un cwmwl i'w chysgodi, o'r diwedd cawsom ddechrau mwynhau'r profiad o rwyfo ar noson dawel, a'r lleuad yn arwain y ffordd gyda charped arian yn adlewyrchu ar y tonnau. Efo'r awel yn dawelach ac o'n plaid, roedd y rhwyfo'n bleserus. Roedd ambell un o'r sêr mwyaf disglair yn dawnsio o'n cwmpas wrth adlewyrchu ar y môr, gan roi inni'r teimlad ein bod ni mewn nefoedd yn wir. Yn ystod y munudau hynny, wrth fwynhau distawrwydd y môr, fedrwch chi ddim ond synhwyro pa mor anferthol o fawr yw'r bydysawd a pha mor chwerthinllyd o fach rydyn ni'r bobl sydd ynddo.

Roedd y nosweithiau golau yn ein gwneud ni'n fwy ymwybodol o'r nifer fawr o bysgod oedd yn nofio o'n hamgylch yn y nos. Roedd rhai lliwgar o bob maint yn nofio wrth ein hymyl yn y gobaith, mae'n siŵr, y bydden ni'n amddiffynfa iddynt rhag y pysgod mwy. Nid oedd hynny'n rhoi dim cysur i ni. Y pysgod hedegog roddodd fwyaf o ddiddanwch a'r mwyaf o boen i ni. Yn aml iawn, byddem yn rhyfeddu at y rhai mwyaf yn hedfan drwy'r awyr o don i don am bellter maith, eu crwyn lliwgar yn disgleirio yn yr haul. Ond byddai'r rhai llai, yn ifanc a dibrofiad mae'n debyg, yn cael aml i anffawd wrth ymdrechu i hedfan drosom. Am ryw reswm roedd pethau'n ganwaith gwaeth yn y nos – ein golau yn eu drysu efallai. Ond wrth rwyfo yn oriau mân y bore a breuddwydio yn ein byd bach ein hunain, doedd o ddim yn brofiad pleserus cael un ohonynt yn glanio ar y dec, gan ysgwyd ei adenydd yn wyllt. Roedd o'n fwy brawychus fyth os byddai'r pysgodyn anlwcus yn ein taro yn ein hwynebau wrth ymdrechu i gyflawni ei naid hir. Yn anffodus, ychydig iawn ohonynt lwyddon ni i'w dychwelyd i'r môr yn fyw. Roedd gafael yn eu croen seimllyd a'u hadenydd aflonydd a'u taflu'n ôl i'r môr mewn pryd yn aml yn amhosib. Byddai rhai bach iawn yn aml yn glanio heb i ni sylwi, a dim ond wrth i aroglau drwg lenwi'r awyr rai dyddiau wedyn y bydden ni'n deall bod ganddon ni gwmni ar y dec.

Wrth i ni agosáu at bythefnos o fod ar y môr, doedd pethau'n gwella dim i Herdip, druan. A hithau'n dechrau dod dros y cyfogi, ac yn llwyddo i fwyta ambell bryd, daeth anffawd arall i'w rhan. Roedd ein bwydlen ddyddiol ar gyfer y daith yn cynnwys tri phryd sych. Mae'r math yma o fwyd yn rhan o ddarpariaeth arferol pobl y fyddin a rhai sy'n mynd ar anturiaethau gan ei fod yn uchel iawn mewn caloriau, yn para am flynyddoedd ac yn hawdd iawn i'w baratoi. Y cyfan sydd angen ei wneud yw tywallt dŵr berw dros y cynnwys a'i adael i gynhesu am bump i ddeg munud. Roedden ni wedi archebu'r mwyafrif o'n prydau gan y cwmni Prydeinig Expedition Foods, ac roedd pob un pecyn mewn bag ffoil oren llachar efo sticer bach arno yn dweud beth oedd y cynnwys. Ddwywaith bob dydd byddwn yn estyn y stof nwy allan, ac yn berwi digon o ddŵr at y pryd bwyd nesaf gan ei gadw'n boeth mewn fflasg. Unwaith, wrth dywallt dŵr berw o'r fflasg i becyn uwd, collodd Herdip y dŵr drosti gan losgi ei choes a'i throed. Â'r tonnau'n ein taflu o gwmpas yn ddibaid, mae'n hawdd iawn i anffawd ddigwydd. Mae llawer yn dioddef anffawd debyg, ond roedd hi'n ergyd galed i Herdip a hithau eisoes wedi dioddef digon. Bûm wrthi am gryn amser yn rhwymo'i hanafiadau. Nid y caban bach oedd y lle gorau i wneud hyn ond wedi ymdrechu unwaith neu ddwy llwyddais i drin ei llosgiadau, a'i sicrhau, er gwaetha'r boen, nad oedden nhw'n edrych yn rhy ddrwg. Ac yn bwysicach na dim, i fi beth bynnag, fydden nhw ddim yn rhwystro Herdip rhag parhau i rwyfo.

Wedi bod ar y môr am bythefnos penderfynais fynd yn ôl i'r dŵr i lanhau pen ôl *Dream Maker*. Gan ein bod yn rhwyfo mor araf, dim cyflymach na 2.5 milltir fôr yr awr ar y gorau, roedd algâu'n cael modd i fyw wrth ymgartrefu o dan y cwch. Roedd cregyn amrywiol yn tyfu'n drwch o fodfedd a

mwy arni, er taenu côt hael o baent gwrth-ddifwyno i
rwystro algae rhag tyfu ar waelod y cwch. Y gred gan
rwyfwyr profiadol yw bod presenoldeb pysgod cregyn fel
gwyrain ar waelod cwch yn ei arafu'n sylweddol. Ac felly,
wedi f'arfogi efo gwydrau nofio unwaith eto a chrafwr paent
y tro yma, neidiais drachefn i Gefnfor Iwerydd. Syniad ffol
oedd gwneud hynny yn nhywydd gwyntog y diwrnod
hwnnw, a phrofais ambell gnoc wrth i *Dream Maker* gael ei
daflu'n wyllt o don i don, a finnau'n dal fy ngwynt oddi tano.
Hyd yn oed os nad oedd oedden ni'n teithio'n gyflymach
wedyn mewn gwirionedd, roedd yr effaith seicolegol o
gredu ei fod wedi gwneud gwahaniaeth yn werth yr
ymdrech!

Os oedd wynebu bod heb ddŵr poeth i goginio am
weddill y fordaith yn fygythiad mawr i lwyddiant y fenter,
byddai bod heb ddŵr yn gyfan gwbl yn sicr o roi diwedd ar
bopeth. Ar fore'r 18 Rhagfyr, pen blwydd Rhun, fy mab
bedydd, a ninnau ond ychydig dros bythefnos i mewn i'r
fenter, roedden ni'n wynebu'r bygythiad hwnnw.

Yn unol â rheolau'r ras, mae pob cwch i ddau rwyfwr yn
gorfod cludo 150 litr o ddŵr mewn poteli wedi'u selio. Prif
bwrpas y poteli hyn yw gweithio fel balast ar waelod y cwch.
Petai'n dod i'r gwaethaf a'r cwch yn troi drosodd, byddai
cynllun y cwch a'r balast yn ei alluogi i ailgywiro'i hun.
Roedd y dŵr yno hefyd ar gyfer sefyllfaoedd o argyfwng.
Ond os byddai sêl mwy na phedwar litr o ddŵr wedi'u torri,
byddai Woodvale yn ychwanegu cosb amser at gyfanswm y
daith, cosb fyddai'n cynyddu efo pob litr ychwanegol a
agorid. Roedd pawb felly'n ceisio osgoi gorfod defnyddio'r
dŵr balast.

Byddai wedi bod yn amhosib cludo digon o ddŵr ar
gyfer y daith i gyd, beth bynnag, felly roedden ni'n hollol
ddibynnol ar y peiriant dŵr Spectra. Mae'r peiriant hwn yn
un o ryfeddodau technoleg. Gan ddibynnu ar gyn lleied â

13 wat o bŵer yr awr (pŵer a gynhyrchir gan y paneli solar), mae'r Spectra yn cynhyrchu 20 litr o ddŵr yfed yr awr drwy sugno dŵr y môr a thynnu'r halen allan ohono. Bob bore, wedi i'r haul godi a dechrau disgleirio ar y paneli solar byddem yn cychwyn y peiriant i gyflenwi digon o ddŵr i ni am y diwrnod hwnnw. Gwnâi'r peiriant sŵn cyfarwydd yng ngwaelodion y cwch, ac er na fedren ni ei weld, medrem ddweud wrth ei sŵn ei fod yn gweithio. Ond y bore hwnnw roedd y sŵn yn dipyn gwahanol i'r arfer a gwrthodai cymaint ag un diferyn o ddŵr ddod allan o'r biben. Euthum i banig. Roedd ganddon ni beiriant dŵr arall, un oedd yn gweithio â llaw. Ond doedd pwmpio am ddwy neu dair awr y dydd er mwyn cael pob diferyn o ddŵr ar gyfer y siwrnai ddim yn apelio'n fawr. Roedd bod mor ddibynnol ar beiriant i'n cadw ni yn y ras yn ofidus dros ben. Ond eto i gyd, yn dawel bach yng nghefn fy meddwl, fedrwn i ddim peidio â dychmygu y byddai gorfod ymddeol o'r ras am fod yr offer wedi torri yn llawer gwell na rhoi'r gorau iddi am na fedren ni ymdopi.

Roedd ganddon ni lawlyfr ar gyfer cynnal a chadw'r peiriant, yn ogystal â rhif ffôn y peiriannydd. Ac ar ôl ymchwilio a rhoi galwad ffôn i'r peiriannydd hwnnw, y gobaith oedd mai aerglo oedd yn achosi'r broblem. Os bydd y peiriant dŵr yn cael ei ddefnyddio pan fydd cyflwr y môr yn wyllt, y peryg yw mai awyr iach yn hytrach na dŵr sy'n cael ei sugno i mewn i'r biben, gan achosi rhwystr. Ar ôl ymbalfalu unwaith eto yng ngwaelodion y cwch, gan ddatgymalu piben ar ôl piben, o'r diwedd daeth y peiriant i weithio eto. Roedd o'n rhyddhad chwerw-felys.

Dydd ar ôl dydd

He who moves not forward goes backward.
Johann Wolfgang von Goethe

Anyone can hold the helm when the sea is calm.
Publilius Syrus (*c.*42 CC) Maxim 358

Roedd amser, a'n canfyddiad o sut mae amser yn mynd heibio, yn un gymysgfa fawr. Ar un lefel, roedd pob eiliad wedi aros yn llonydd am ganrif, ac ar lefel arall, roedd y tair wythnos gyntaf wedi mynd heibio mewn chwinciad, fel na fedrwn i ddirnad ar ba ddiwrnod y digwyddodd unrhyw beth. Roedden ni wedi cael cymaint o brofiadau eisoes, ond roedden ni'n dal filltiroedd maith i ffwrdd o ddiwedd y daith, ac roedd popeth yn toddi yn un cawl blêr.

Ie, tair wythnos ar Gefnfor Iwerydd a thair wythnos yn cyfri'r diwrnodau at ddydd Nadolig na fedrai fod yn fwy gwahanol i'r bwrlwm y byddai teulu a ffrindiau yn ei brofi adre. Doedd y Nadolig heb olygu cyn lleied, a chymaint, erioed.

Roedd noswyl y Nadolig wedi bod yn un anghynnes, a'r gwynt yn gwthio tonnau enfawr yn erbyn ochr y cwch, gan ein gadael nid yn unig yn wlyb diferol ond yn bryderus am ein diogelwch. Felly, fe wnaethon ni benderfynu cyd-gysgu am blwc a gadael i *Dream Maker* ddewis ei gyfeiriad ei hun. Wrth ddeffro ar fore'r Nadolig, ein prif ystyriaeth oedd ein safle. Drwy lwc, roedden ni wedi trafaelio chwe milltir ar y trywydd cywir, ond doedd dim osgoi'r cnoi yng ngwaelod fy mol am ein bod yn colli allan ar yr hwyl a'r sbri yng nghwmni pawb adre. Mae hiraeth am deulu, ffrindiau a chynefin ar achlysur fel y Nadolig yn gymaint mwy chwerw nag unrhyw hiraeth arall ac yn gwneud i mi sylweddoli unwaith eto pa mor ffodus fûm i yn fy magwraeth.

Gwisgodd y ddwy ohonom gapiau Siôn Corn a chlustdlysau dyn eira a choeden Nadolig i roi rhyw deimlad Nadoligaidd ar bethau. Agorais yr anrhegion yr oedd ffrindiau a theulu wedi'u rhoi i ni ar ddechrau'r daith a pharatoi at gyfweliad byw efo Jonsi ar Radio Cymru. Fedra i gofio dim o'r hyn a drafodais i efo Jonsi'r bore hwnnw, ond wna i byth anghofio'r negeseuon yr oedd Dad, Mam a Gles wedi'u recordio i mi eu clywed, a'r canu swynol gan blant y Parc. Ond doedd y ffôn lloeren ddim mor werthfawrogol o'r cyfweliad, a thorrodd y cysylltiad yng nghanol y canu – atgof chwerw o'r dyddiau hynny yn Lesotho, ond o leiaf arbedodd Gymru gyfan rhag fy nghlywed yn crio ar goedd ar Radio Cymru.

Cymerodd Herdip a finnau egwyl fer efo'n gilydd i fwynhau ein diwrnod Nadolig unigryw a dathlu drwy rannu cacen Nadolig fach Marks & Spencer. Cefais i'r rhyddid i lowcio'r marsipán i gyd tra oedd Herdip yn cael mwynhau'r eisin. Tipyn yn wahanol i ormodedd arferol y Nadolig!

Er na fu Siôn Corn yn ddigon o ddyn i ddod o hyd i ni yng nghanol y tonnau, cawsom ymwelydd llawer mwy defnyddiol y Nadolig hwnnw. Daeth *Kilcullen*, cwch cefnogi arall yn y ras, i ymweld â ni. Ers y noson gyntaf fythgofiadwy honno dros dair wythnos yn gynharach, doedden ni ddim wedi gweld yr un enaid byw arall. Roedd *Kilcullen* yn cael ei hwylio gan dri dyn bywiog, a'u cymeriadau lliwgar yn llenwi'r awyr wrth iddynt hwylio'n brofiadol o'n hamgylch. Roedd dod o hyd i ni yng nghanol y tonnau wedi bod yn gamp a hanner. Fedrwn i ddim peidio â gwenu o glust i glust wrth weld yr hwyl wen yn ymddangos ar y gorwel, a chlywed y lleisiau dwfn yn bloeddio cyfarchion yr ŵyl.

Ond er mor bleserus oedd cael sgwrs efo'r tri, roedd i'w hymweliad bwrpas pwysicach na dymuno cyfarchion yr ŵyl i ni. Doedd ein Argos *tracking beacon*, peiriant allweddol arall ar ein cwch, ddim yn gweithio. Drwy'r peiriant hwn, oedd yn ddibynnol ar loeren byddin Ffrainc, roedd trefnwyr ras Woodvale yn medru cadw golwg ar bob cwch yn y gystadleuaeth, bedair awr ar hugain y dydd – ei safle, ei gyfeiriad a'i gyflymdra. Roedd hon yn wybodaeth hollbwysig petai angen trefnu achub un o'r cychod mewn argyfwng.

Yr un mor bwysig â sicrhau ein diogelwch, cysylltid y peiriant â gwefan y ras gan ddangos llwybr pob cwch i'r cefnogwyr adre. Roedd pob cwch yn cael ei gynrychioli gan ddot o liw gwahanol, a'r dot yn ymestyn fel neidr hir ar draws sgrin y cyfrifiadur wrth i ni symud ar draws y môr. Glas golau oedd ein lliw ni, ac mi ddaeth y dot hwnnw'n hollbwysig i deulu a ffrindiau tra oedden ni allan yno. Bob chwe awr byddai'r wybodaeth ddiweddaraf yn cael ei dangos ar y we, a dyma'r unig ffordd i bawb adre gael rhyw fath o syniad o'n sefyllfa. Pan fyddai'r tywydd yn ein herbyn mi fyddai'r dot yn dangos hynny, gan droi mewn cylch arno'i hun ar y sgrin. Er bod hynny'n egluro i bawb adre pa fath o dywydd roedden ni'n ei wynebu bryd hynny, yr oedd hefyd yn achosi gofid diangen iddynt.

Ond ar y pnawn Nadolig hwnnw, doedd dim gobaith gorffwyso wedi gormod o dwrci. O dan gyfarwyddiadau Jim ar y radio, dilynais y lîd yn ôl ac ymlaen ganwaith o'r bocs trydan, ar hyd y dec ac at y *beacon*. Bu'n rhaid imi sicrhau pob cysylltiad a newid y ffiws yn y diwedd er mwyn ei gael i weithio eto.

Bu'r prysurdeb yn fendith, a heb i ni sylweddoli hynny roedd dydd Nadolig bron iawn ar ben heb i fi golli gormod o ddagrau. Bu ymweliad y *Kilcullen* yn un o'r anrhegion gorau a gefais erioed. Ond ar Ŵyl San Steffan doedd dim osgoi'r ffaith nad oedden ni'n symud fawr ddim yn ein blaenau. Roedd gwynt y dwyrain yn gryf, ac yn ein rhwystro rhag mynd tuag at y de, a'n nod hollbwysig o 20° Gogledd a 30° Gorllewin. Er nad oedd y tywydd yn fwyn iawn, neidiais i'r môr unwaith eto i grafu'r trwch o algâu a chregyn i ffwrdd.

Ond yn wirionach fyth, penderfynais mai un o'r rhesymau pam ein bod ni'n trafaelio mor araf oedd am fod y cwch yn rhy drwm. Dim ond un ateb amlwg oedd ganddon ni felly – gwagu ychydig arno. A'r peth amlwg, wrth gwrs, oedd taflu'r holl fwyd sych oedd ganddon ni. Roedd rheolau'r ras yn dweud bod rhaid i ni fod â digon o fwyd i fod yn hunangynhaliol am 90 diwrnod! Ie, 90 diwrnod! Oeddwn i'n bwriadu bod yno am gyfanswm o 90 diwrnod? Byth! Felly, mynnais fod Herdip a finnau'n mynd drwy bob pecyn, a chadw ein ffefrynnau i bara 45 diwrnod arall. Roedd hi'n dipyn o seremoni: taflu'r holl fwyd dros yr ochr, gan gredu y byddai ambell bysgodyn yn gwledda am flynyddoedd arno. Ond wnaeth o ddim gwahaniaeth i'n cyflymdra, wrth gwrs, a buan iawn y byddwn i'n difaru fy mhenderfyniad gwirion.

Wedi trafod, mi benderfynon ni nad oedd brwydro i gyrraedd 20° Gogledd a 30° Gorllewin yn synhwyrol, ac y byddai'n well i ni fynd efo'r gwynt am blwc, er cymaint yr ysfa i fod yn is nag 20° Gogledd. Byddai criw mwy profiadol wedi penderfynu hynny ers dyddiau wrth gwrs, ond wedi inni bennu'r targed hwnnw doedden ni ddim wedi sylweddoli bod dros 1,800 o filltiroedd yn fwy na digon o gyfle i gywiro ein cyfeiriad, a chymryd cwrs mwy deheuol.

Aeth y dyddiau heibio'n gynt na'r milltiroedd, a dirwyn i ben wnaeth 2007. Anghofia i byth lle roeddwn i wrth groesi'r ffin i 2008.

Mewn storm ychydig ddyddiau ynghynt roedd erial ein radio VHF wedi torri yn y bôn. Yn ffodus roedden ni wedi rhwystro'r erial rhag disgyn i'r môr, ond doedd ganddon ni ddim syniad sut i'w thrwsio. Heb erial, roedd ein radio VHF bron â bod yn ddiwerth. Ar frig ton medrem gyfathrebu â chychod neu longau eraill gymaint â phymtheg milltir i ffwrdd. Heb erial, doedd ganddon ni ddim syniad faint o bellter fedren ni ei gyrraedd.

Wrth i'r haul fachlud, gan adael ei liw gloyw'n disgleirio ar y tonnau, ymddangosodd llong fawr ar y gorwel. Unwaith eto, roedd hi'n ymddangos fel petai ar yr un trywydd â ni, a dechreuodd braw ac ofn gydio ynom eto. A ninnau heb radio VHF i ddibynnu arni, roeddwn i'n rhag-weld fod ein sefyllfa'n fwy bregus fyth. Agorais y bag argyfwng a thynnu'r radio llaw allan ohono. Wrth i mi sefyll ar y dec, gan edrych yn graff ar y gorwel, dechreuais ddefnyddio'r radio llaw i gyfathrebu efo Herdip ar y radio yn y caban. Y syniad gwreiddiol oedd gweld a oedd hi'n bosib cael unrhyw signal i gyfathrebu dros y radio. Wedyn dechreuais ddisgrifio'r olygfa o'm blaen iddi, ac wrth i'r llong agosáu aeth fy llais dôn yn uwch a'r disgrifiad yn gochach. Roedd Herdip yn ymateb yn ddramatig i'r sylwebaeth a'r ddwy ohonom yn torri pob rheol môr ar y ffordd gywir o ddefnyddio'r radio i gyfathrebu. Wedi dweud brawddeg wirion fel, 'Big ship, big ship, can you hear us? This is a very little boat and you're about to crash over us,' bu bron i mi â disgyn dros yr ochr mewn braw pan atebodd llais dwfn efo acen Ffrangeg, 'Yes, I can hear you very well. What is your position?' Prin y medrwn i ganolbwyntio ar y ffigurau o gywilydd wrth ymdrechu i ateb, a fedrwn i ddim peidio clywed Herdip yn chwerthin yn afreolus yn y caban. Roedd llais y dyn anweledig yn gwneud iddo swnio'n olygus iawn, er nad oedd ganddo fawr o ddiddordeb mewn cynnal sgwrs na dymuno blwyddyn newydd dda inni. Ffrancwr sych arall, debyg!

Wedi trafod, y bwriad oedd rhoi'r gorau i'r rhwyfo dros hanner nos er mwyn i ni gael mwynhau'r eiliad, cyd-ddathlu efo paned o siocled poeth, a gollwng fflêr i'r awyr i nodi'r digwyddiad. Ond wrth i'r eiliadau agosáu at hanner nos, eisteddwn allan ar y dec ar fy mhen fy hun, gan ddychmygu clywed cloc mawr Llundain yn cyhoeddi blwyddyn newydd. Yr hyn a glywn mewn gwirionedd oedd Herdip yn ei dagrau unwaith eto wrth iddi siarad ar y ffôn lloeren efo'i chariad.

Offrymais weddi fach gan ofyn am flwyddyn newydd ddedwydd a hapus i bawb o 'nheulu a'm ffrindiau, ac am i ni gael glanio'n fyw ac yn iach, a hynny'n fuan. Edrychais o'm cwmpas, ac wrth weld y lleuad a'r sêr yn disgleirio a chlywed swn y tonnau'n codi ac yn disgyn yn hamddenol, gwyddwn bellach fod y môr wedi fy hudo a'm rhwydo.

Wedi'r antur, gofynnodd ambell un a deimlais yn unig o gwbl tra oeddwn allan yno? Hiraeth, do. Hunandosturi, ambell waith, ond unigrwydd, na. Does gen i ddim cof o deimlo unrhyw unigrwydd allan yno. 'Tydi bod ar eich pen eich hun ddim yr un fath â bod yn unig, wrth gwrs. Ac er fy mod i gannoedd ar gannoedd o filltiroedd i ffwrdd oddi wrth wareiddiad, roedd yr holl negeseuon o gefnogaeth a gaem yn ddyddiol yn gwneud i mi deimlo bod y byd i gyd yn cyd-deithio efo ni, mewn ysbryd o leiaf. Roedd y negeseuon yn flanced gysurus, glyd amdanon ni. Sut fedrwn i ddisgwyl i eraill fwynhau fy nghwmni os na fedrwn fwynhau fy nghwmni fy hun? Ac wrth ymdrechu i ddygymod â bywyd yn ôl ar dir sych wedi dychwelyd o'r daith, profais y boen o fod yng nghanol cwmni a theimlo'n eithriadol o unig. Methu cysylltu'n emosiynol ar unrhyw lefel efo pobl sydd o'ch cwmpas – dyna yw unigedd.

Wrth i'r dyddiau droi'n wythnosau roedd pethau'n disgyn i drefn. Doedd gofal personol ddim yn fater a oedd yn derbyn llawer o sylw ganddon ni. Yr oedd popeth yn cymryd cymaint o ymdrech ac egni fel nad oedd o'n teimlo fel buddsoddiad gwerthfawr o amser. Cawod unwaith yr wythnos, felly, a brwsio dannedd unwaith y dydd, ar y gorau. Y munudau hynny pan fydden ni'n brwsio'n dannedd yn y gali oedd yr unig amser y bydden ni'n sefyll i fyny ar ddwy droed. Ac wedi rhai wythnosau roedden ni'n ymfalchïo yn ein gallu i wneud hynny am rai eiliadau heb orfod gafael yn dynn mewn handlen. Er gweld cyhyrau'r coesau'n mynd yn llipa, doedd ymdrechu i dreulio mwy o amser yn sefyllian o gwmpas i'w cryfhau ddim yn opsiwn. Byddai cyrraedd blaen y cwch er mwyn defnyddio'r tŷ bach (bwced mawr coch, digon anghyffyrddus) yn ddigon o sgarmes ar ein pedwar gan afael yn dynn ym mhopeth ar hyd y ffordd, heb sôn am geisio cerdded. Doedd dim amdani ond derbyn y byddwn i'n magu ysgwyddau llydan a choesau cam fel iâr.

Roedd ein diffyg gofal personol yn ymestyn i'n harferion bwyta hefyd. Gyda dim ond un llwy gyfan i'w rhannu rhwng y ddwy ohonom bellach, doedd gan y naill na'r llall yr egni na'r amynedd i'w golchi hi'n lân. Felly doedd dim dewis ond i'r naill ohonom ei llyfu'n lân ar gyfer y llall. Gan nad oedd Herdip yn bwyta cig, roedd yn rhaid i mi lyfu'n fwy trylwyr ar ôl pryd bwyd yn cynnwys cig!

Ychydig ddyddiau i mewn i'r flwyddyn newydd llwyddasom i symud o dan 20° Gogledd. Ond yn lle cael ein croesawu gan y gwyntoedd cyson a'r cerrynt cyffredinol disgwyliedig, bu'r tywydd unwaith eto'n anffafriol. Oherwydd y gwynt, roedd y tonnau'n fawr, dros 30 troedfedd yn hawdd, ac yn aml yn chwythu yn ein herbyn. Ar ôl un don arbennig o frawychus, mi benderfynon ni ddefnyddio'r para-angor unwaith eto. Ond hyd yn oed wedyn, caem ein taflu o gwmpas yn ddidrugaredd. Ar ôl wyth awr, fe'n gwthiwyd ni yn ôl i'r gogledd dros bellter oedd wedi cymryd 30 awr neu fwy i ni ei rwyfo. Mae'n amhosib egluro mewn geiriau sut deimlad yw gwylio'r GPS yn araf symud yn ôl dros hen dir, fel petai. 'Tydi'r gair digalon ddim yn gwneud cyfiawnder llwyr efo'r emosiwn. Ac wrth eistedd yn y caban bach, yn cael eich taflu o gwmpas fel hosan mewn peiriant golchi, fedrwch chi wneud dim am y peth. I wneud y sefyllfa'n waeth, roedden ni wedi bod heb haul ers dyddiau bellach, ac felly doedd dim pŵer solar ar ôl. Fedren ni ddim lladd amser yn gwrando ar gerddoriaeth, yn gyrru negeseuon adre, neu'n darllen. Doedd ganddon ni ddim digon o bŵer i gynhyrchu dŵr hyd yn oed, felly roedd rhaid i ni dorri i lawr ar bopeth.

A doedd dim modd gorffwyso'n gyffyrddus efo dwy ohonom yn y caban ar yr un pryd. Roedd to'r caban yn rhy isel i ni eistedd i fyny ynddo, ac os byddai un ohonom yn newid safle, byddai'r llall yn gorfod symud hefyd. Wrth gael ein taflu o gwmpas byddai un yn aml iawn yn glanio ar ben y llall. Y ffordd orau, felly, oedd i ni wynebu'r un ochr, efo penggliniau Herdip wedi'u gwthio'n dynn yn erbyn fy nghefn.

Ar ôl pum wythnos allan ar yr Iwerydd, yr oedd pob munud yn parhau i fod yn her. Aethom bum diwrnod heb ddim haul, bron, yn disgleirio drwy'r cymylau, ac felly heb bŵer. Roedd y diffyg pŵer yn golygu nad oedd y *beacon* yn gweithio'n gyson chwaith.

Er mwyn sicrhau ein bod ni'n medru ymdopi yn y tywydd garw daeth *Kilcullen* i ymweld â ni unwaith eto. Y tro hwn, oherwydd maint a grym y tonnau, fedren nhw ddim dod mor agos, nac aros yn hir. Cefais gyfarwyddiadau sut i drwsio'r radio VHF, nad oedd, erbyn deall, yn darparu dim ond mymryn dros filltir o signal. Buom yn agos iawn at y Ffrancwr bach hwnnw a fu'n siarad â ni noson y flwyddyn newydd felly! Ymdrechais yn ddygn i ddilyn y cyfarwyddiadau a defnyddio offer nad oeddwn yn gyfarwydd ag ef yn yr ychydig amser oedd gen i. Cefais ryddhad mawr o lwyddo yn y dasg a sicrhau derbyniad dros gylch o tua chwe i wyth milltir. Stribyn o *duct tape* achubodd y dydd, a fedrwn i ddim credu pa mor ddibynnol roedden ni ar rywbeth mor syml. Fel y dywedodd un o'n cefnogwyr, 'Duct tape is like the force. It has a dark side, a light side and it holds the universe together.' Yn sicr, yr oedd yn dal ein byd bach ni efo'i gilydd!

Ychydig cyn ymweliad y *Kilcullen* roedd dau ddolffin wedi nofio o'n hamgylch. Nid oedodd y ddau yn hir, er cymaint ein croeso, ond wedi i'r *Kilcullen* adael, daeth dros ddeg ohonynt draw i'n diddanu. Roedd hi fel petai'r ddau a welson ni'r bore hwnnw wedi mynd i nôl eu ffrindiau gan ddweud, 'Dowch i weld y merched 'ma, bois; maen nhw angen mymryn o help llaw.' Ac o'r diwedd, cawsom haul y diwrnod canlynol.

> *Dreams make the impossible possible;*
> *Dedication makes the possible probable;*
> *And work makes the probable happen.*
> Jim Trefethen

> *If the wind will not serve, take the oars.*
> Dihareb Ladin

Efo cymaint o anlwc yn dod i ran Herdip, roedd yna bryder dyddiol am ba hyd y byddai hi'n medru aros ar y cwch. Ac er ei bod hi'n cytuno ar un lefel i aros, doedd ei hwyliau'n gwella dim wrth i'r dyddiau fynd heibio. Dro ar ôl tro, wrth ddod allan i gymryd fy lle gyda'r rhwyfau, y peth cyntaf a fyddai'n fy nghroesawu oedd Herdip yn ei dagrau. Roedd hi'n crio'n barhaus, ac ambell waith yn ochneidio. Yn fuan iawn, wyddwn i ddim beth i'w ddweud er mwyn ei chysuro. Roeddwn i wedi ymdrechu ym mhob ffordd y medrwn, ond doedd dim fel tase fo'n gwella'r sefyllfa. Felly ceisiais anwybyddu'r dagrau'n llwyr. Roedd hi'n ysu am gael mynd adre ac yn ailadrodd yr un peth drosodd a throsodd, yn ogystal â threulio oriau lawer ar y ffôn efo David. Dwn i ddim sawl gwaith ofynnodd hi, 'Pryd wyt ti'n meddwl y byddwn ni'n glanio?'

Roeddwn i eisiau sgrechian, eisiau tynnu gwallt fy mhen allan o'r gwraidd. Wn i ddim sut brofiad ydi cyd-fyw a gofalu am berson sy'n dioddef o iselder ysbryd, ond o'r profiad hwn, dychmygaf ei fod o'r un o'r profiadau anoddaf mewn bywyd. Ar gyfnodau, roeddwn yn ysu am iddi alw trefnwyr y ras a gofyn iddynt ddod i'w nôl hi – gan fy ngadael i fwynhau gweddill y daith mewn llonyddwch ar fy mhen fy hun.

Gwyddwn y byddai dyfalbarhau ar fy mhen fy hun yn dipyn anoddach o ran diogelwch, ac yn gwneud gofid Dad a Mam gan mil gwaeth. Ond teimlwn yn ffyddiog bryd hynny y byddai unrhyw beth yn well na threulio pedair awr ar hugain y diwrnod, am ddyddiau ac wythnosau diddiwedd, yng nghwmni rhywun digalon.

Mae'n siŵr fod y ffaith fy mod i'n mwyhau'r profiad yn ei chythruddo hi gymaint ag roedd y ffaith ei bod hi mor ddigalon yn fy mlino i. Ysgrifennais yn ein blòg un diwrnod: 'I can't believe how much I love it out here. I am battered and bruised and physically exhausted but love it so much all the same.' Roedd hi'n amhosib dehongli sut allai dau berson rannu'r un profiad yn union, ond ymateb mor wahanol. Roeddwn i'n llawn euogrwydd wrth i mi'n dawel ddymuno iddi adael y cwch, ond ar yr un pryd yn gweddïo na fyddai hi'n gadael. Beth bynnag oedd y sefyllfa bresennol, gwyddwn ei bod hithau'n rhan gwbl allweddol o'r her ac yn haeddu llwyddo, lawn cymaint â finnau.

Er bod pob eiliad o rwyfo'n ddolurus, doedd cael ein cau yn y caban mewn storm ddim mymryn yn fwy cyffyrddus. Roedd newid o rwyfo am ddeuddeg awr y dydd i orwedd yn yr un safle am oriau maith yn achosi i'r corff gyffio, a phob asgwrn a chyhyr yn gweiddi mewn poen. Wrth wynebu gwynt anffafriol, ddydd ar ôl dydd, roedd yn ysgytwad ychwanegol pan fyddai neges yn cyrraedd fod cwch arall bellach wedi ein pasio. Wedi blynyddoedd o chwarae rygbi, fedrwn i ddim peidio bod yn gystadleuol. Roedd disgyn i gefn y ras yn brifo. Gwyddwn ar un lefel fod poeni am safleoedd y ras wrth i ni ddygymod â holl elfennau'r Iwerydd yn ffolineb llwyr. Ond fedrwn i ddim anwybyddu'r llais cystadleuol oedd yn gweiddi yng nghefn fy meddwl, ac roedd y peth yn fy nghythruddo.

A dyma destun arall i achosi tyndra rhwng Herdip a minnau. Roeddwn i'n gwbl ddibynnol ar wybod safle pob cwch yn ddyddiol. Ac er bod Herdip hefyd yn astudio'r sefyllfa'n ofalus, roedd hi'n ffieiddio'r effaith a gâi hynny arnaf. Wrth esbonio'r sefyllfa'n ofalus yn y blòg un diwrnod, fedrwn i ddim ond esbonio'r gwahaniaeth nod rhyngom fel 'cyflawni' a 'chystadlu'. Unig nod Herdip oedd gorffen y ras – cyflawni, a hynny mor gyflym â phosib. Ar y llaw arall, roeddwn i'n dyheu am gael aros yn y ras a chystadlu am safle da hyd yr eiliad olaf. Ond sylweddolais yn y diwedd nad oedd hynny'n bosib ar fy mhen fy hun. Bu dygymod â hynny yn anodd, ond derbyniais nad oedd opsiwn arall. Gofynnais i Gles yrru'r wybodaeth am ein safle yn y ras yn Gymraeg i fi. Er mor boenus fyddai hynny, roedd yn well gen i wybod na pheidio, ac wrth ei derbyn yn Gymraeg, fyddai hwyliau Herdip ddim yn ddibynnol ar y canlyniadau. Credaf bellach fod cyd-lwyddiant mewn unrhyw elfen o fywyd yn dibynnu ar rannu'r un nod, neu ar sicrhau fod nod pawb yn cydweddu.

Cystadlu yn erbyn yr elfennau oedd pob un ohonom mewn gwirionedd. Pan gyrhaeddodd neges oddi wrth Jo Bardoe, mam Mia, yn dweud, 'It must be so frustrating to be reliant on the elements and nature. I guess that ties in nicely with what you are doing. The money you raise will go towards making important changes to people's lives and NOT allowing nature to take its unfortunate course with some of the children with metabolic conditions,' fedrwn i ddim ond cydnabod nad oedd ein her ni yn ddim o'i chymharu â bywyd dyddiol Mia a phlant eraill fel Mia.

Negeseuon a'n cadwodd i fynd, does dim os am hynny. Roedden ni'n derbyn degau o negeseuon o gefnogaeth yn ddyddiol, ac o bymtheg o wahanol wledydd ar draws y byd, yn aml gan bobl nad oeddem yn eu hadnabod hyd yn oed. Fedrwn i ddim credu'r peth, ond yn ôl y negeseuon, roedden ni'n ysbrydoli eraill i wireddu eu breuddwydion. Roedden ni bellach yn rhwyfo ar ran pob un o'n cefnogwyr – yn rhoi nerth i eraill frwydro yn erbyn eu sialensau hwythau. Ein breuddwyd ni oedd rhwyfo ar draws yr Iwerydd, ond roedden ni'n cludo breuddwydion eraill efo ni bellach.

Impossible is just a big word thrown around by small men who find it easier to live in the world they've been given than to explore the power they have to change it. Impossible is not a fact. It's an opinion. It's not a declaration. It's a dare. Impossible is potential. Impossible is temporary. Impossible is nothing.
Muhammad Ali

Dream big and dare to fail.
Norman Vaughan

'Tydi gwisgo dillad gwlyb ddim yn bleserus ar unrhyw adeg. Glaw trwm, ton wyllt, chwys neu anwedd, doedd y rheswm pam roedden ni'n wlyb yn newid dim ar y canlyniadau. Doedd dim un tamaid o ddilledyn, sach gysgu na phapur tŷ bach yn aros yn sych!

Er gwaetha'r tywydd digalon a gawsom yn ystod yr wythnosau cyntaf ym mis Ionawr, yr oedd un elfen na fedrwn beidio'i mwynhau. Croesawn y nifer fawr o enfysau a ymddangosai ar y gorwel: rhai mawr llachar, disglair, a phob un o'r lliwiau i'w weld yn glir gan ymestyn o un ochr i'r gorwel i'r llall. Ambell waith byddai dwy i'w gweld ar yr un pryd, ac yn cael eu hadlewyrchu yn y môr ar ddiwrnod tawel. Ar wahân i'r arwyddocâd fod y tywydd ar fin troi o'n plaid, roedd gweld natur ar ei gorau'n rhoi hwb heb ei ail i ni. Yng nghanol y gymysgedd o lesni a llwydni oedd o'n hamgylch yn feunyddiol, roedd prinder lliwiau eraill i lenwi ein byd. Dim gwyrddni'r Arennig i'w weld yn y pellter, na melyn llachar cenhinen Bedr yn gloywi'r caban. Roedd syllu ar enfys yn fendith, ac er nad oedd camera'n medru dal y gwir dlysni, tynnais ddegau o luniau fel na fyddwn i byth yn anghofio.

Wrth agosáu at Antigua, roedden ni unwaith eto'n croesi llwybrau hwylio'r llongau mawr, ac felly'n gweld llongau ar y gorwel yn fwy rheolaidd. Roedd rhai o'r cystadleuwyr eraill bellach yn cyrraedd Antigua. Ac er bod hynny'n rhoi hwb enfawr i ni gredu fod y nod yn bosib, a bod tir yn bodoli dros y gorwel, roedd hefyd yn ein llenwi ag eiddigedd am ein bod ni'n bell o gyrraedd y lan.

Ond pan ddaeth yr amser i sgrin y GPS gyhoeddi nad oedd ganddon ni ddim ond 999 milltir rhyngom ac Antigua, roedd storm fawr wedi codi ar *Dream Maker*, a fu dim dathlu. Wedi wyth wythnos gyda'n gilydd, heb i ni fod gymaint ag eiliad ar wahân, ac ymdrechu funud ar ôl munud i ymwrthod rhag dweud na gwneud dim a fyddai'n amharu ar yr heddwch, ffrwydrodd y ffrae gyntaf rhwng Herdip a finnau.

Roedd Herdip yn methu llywio'r cwch drwy gyfrwng sgrin y GPS yn unig. Roedd batri'r cwmpawd wedi marw yn y dyddiau cyntaf, ac ar ôl wyth wythnos o oleuo'r cwmpawd, penderfynodd ein tortsh wrthod gweithio hefyd. Fy nghyfrifoldeb i oedd archebu'r batris, ac roedd Herdip yn lloerig am nad oeddwn wedi dod â digon ar gyfer y cwmpawd. Wedi noson anodd yn y tywyllwch dudew eto, heb wybod yn sicr ei bod hi'n llywio i'r cyfeiriad cywir, collodd Herdip ei thymer yn llwyr. Penderfynais innau ddal ar y cyfle i leisio fy marn am ei chyfraniad hi at yr ymgyrch, a'i rhwyfo'n gyffredinol. Daeth popeth allan yn un ffrwd wyllt, pob cwyn, pob rhwystredigaeth, nes oedd dim byd arall i'w ddweud. Roedd y tawelwch a ddilynodd yn annioddefol. Ni thorrwyd gair rhyngom am oriau wrth i'r ddwy ohonom feio'r llall am bopeth oedd yn annioddefol am y daith.

Eisteddais yn y caban yn berwi gan fwyta'i rhan hi o'r

siocled er mwyn gwneud rhyw fath o bwynt! Cododd y gwynt a gwyddwn fod hyrddwynt ar ei ffordd. Daeth glaw mawr o fewn eiliadau, a'r sŵn fel curo drymiau'n taro'n galed yn erbyn to'r caban. Gwyddwn y byddai croen Herdip yn llosgi wrth i bob diferyn o law ddisgyn arni, a gwyddwn y byddai hi'n gwlychu ac yn oeri i'r byw. Ers y dyddiau cyntaf roedd Herdip wedi bod yn hollol ddibynnol ar fy siaced i, gan nad oedd hi wedi dod ag un bwrpasol efo hi. Roedd newid drosodd yn broses gymhleth gan y bydden ni'n gorfod trosglwyddo'r siaced yn gyflym ar y dec. Wrth wneud hynny, gobeithiwn na fyddai ton yn gwlychu p'un bynnag ohonom fyddai ar fin cychwyn ei hegwyl yn ystod yr eiliadau byr hynny o'r dec i ddiogelwch y caban. Ond yng nghanol ffrae'r noson honno roeddwn i'n rhy gyndyn i hyd yn oed gynnig y siaced iddi ac roedd Herdip yn rhy falch i ofyn amdani. Gwrandewais ar bob diferyn yn taro'r dec. Roeddwn i'n llawn cynddaredd, cywilydd, euogrwydd a dicter, y cyfan yn gymysg â'i gilydd. Yn ffodus, ysgubodd y glaw'r awyrgylch trwm i ffwrdd efo fo, ac o'r diwedd daeth haul a sgwrs i ddilyn.

Ond fedrwn i ddim peidio teimlo fod yr elfennau'n cymryd mantais ar bob cyfle i weithio yn ein herbyn a lladd y freuddwyd. Roedd ein hymdrechion tila i rwyfo yn eu herbyn yn ddiwerth. Doedd dim pwynt gwastraffu egni yn brwydro yn eu herbyn, na cholli tymer neu godi llais, er i fi wneud hynny lawer gwaith. Doedd dim amdani ond aros yn amyneddgar am ein cyfle, a rhoi popeth i mewn i'r ymdrech bryd hynny. 'Tydi amynedd ddim yn dod yn hawdd i mi, ac roedd aros am awr ar ôl awr i'r tywydd droi yn artaith. Ond doedd dim dewis arall amdani. Bellach, 'tydi dioddef diflastod a phoenau tir sych yn ddim i'w gymharu â gorfod ildio pob mymryn o reolaeth, a dibynnu'n llwyr ar yr elfennau mewn cwch rhwyfo pitw. Yr Iwerydd a'r elfennau fyddai'n ennill bob tro. Does neb yn llwyddo i drechu'r

Iwerydd mewn cwch rhwyfo, dim ond yn cael y cyfle i'w groesi.

The next time your life flashes before your eyes,
make sure you have something worth watching.
Anhysbys

It doesn't have to be fun to be fun.
Mark Twight

Roedd Ionawr yn prysur ddiflannu, a'r ymwybyddiaeth ein bod ni'n mynd i fod allan yno yn llawer hirach na'r disgwyl yn dechrau suddo i'n meddyliau. Roedd yr wythnos olaf yn Ionawr yn arbennig o anodd i mi, ac am gyfnod teimlwn yn ddigon isel. Yr wythnos honno roedd Steve, fy nghyn-ŵr, yn hedfan allan i wlad Thai efo'i ddyweddi newydd i briodi. Yr oedd Steve wedi dod i faes awyr Gatwick am baned i ffarwelio efo fi pan adewais am La Gomera a chyhoeddodd bryd hynny y byddai'n ailbriodi tra byddwn i ar y môr. Y fi oedd wedi penderfynu gadael Steve, ac er nad oedd o wedi bod yn benderfyniad hawdd, doedd gen i ddim hawl teimlo'n chwerw am bethau rŵan. Ond wrth eistedd yno ar *Dream Maker* y diwrnod hwnnw, yn drewi ac yn wlyb, efo briwiau a phlorod enfawr ar fy mhen-ôl, yn dychmygu'r ddau ar ynys baradwysaidd ar ddiwrnod eu priodas, teimlwn yn reit isel. Fedrwn i ddim ond boddi mewn hunandosturi a gadael i'r dagrau lifo. Fel ar bob adeg arall pan fyddwn yn drist doedd dim amdani ond ffonio Mam. Ie, Mam druan. Be fedrwn i ddisgwyl iddi ei ddweud i wella'r sefyllfa, a hithau gannoedd o filltiroedd i ffwrdd, wn i ddim. Ond byddai clywed ei llais yn ddigon i leddfu rhywfaint ar y boen. Poen dipyn yn wahanol a deimlais y diwrnod canlynol. Roedden ni bellach yn rhannu un pâr o esgidiau er mwyn rhoi cyfle i'r pâr arall sychu. Yn anffodus roedd hyn yn golygu nad oedd ganddon ni gystal grip ar y dec pan oedden ni'n droednoeth. Wrthi'n dringo allan o'r caban oeddwn i pan ddaeth ton eger a dwyn fy nhraed oddi tanaf. Syrthiais yn drwsgl gan lanio ar asgwrn fy nghynffon ar gornel sgwâr. Roedd y boen yn ofnadwy ac roeddwn yn siŵr na fyddwn i'n medru eistedd ar fy mhen-ôl am flynyddoedd eto – dim cysur a finnau angen eistedd i rwyfo am ddeuddeg awr y dydd.

Roedd y tywydd yn eithriadol o gyfnewidiol, yn newid o funud i funud. Roedd haul tanbaid yn cael ei gyfnewid am gymylau mawr llwyd a glaw diddiwedd o fewn yr un munud, a'r gwynt yn newid cyfeiriad bob yn ail eiliad. Unwaith eto, roedden ni'n troi mewn cylchoedd ac ar drugaredd y para-angor.

Ar noson debyg, a minnau'n methu gorffwyso'n gyffyrddus, dechreuodd y Sea-Me ganu'n rheolaidd. Bellach roedden ni wedi ymgyfarwyddo efo'i glywed yn gwneud hynny, hyd yn oed pan na fedren ni weld yr un llong ar y gorwel. Y demtasiwn, felly, oedd anwybyddu'r sŵn aflafar. Ond efo'r ddwy ohonom yng nghaethiwed y caban roedd hi'n beryclach heb neb yn cadw golwg ar y gorwel. Y noson honno roedd hi'n dywyllwch dudew, heb ddim lleuad yn yr awyr. Codwn yn achlysurol gan ymbalfalu allan i edrych am arwydd o long, gan obeithio bob tro na fyddai ton yn golchi drosom yr eiliad y byddwn yn agor yr hatsh. Efo'r Sea-Me yn canu yn amlach ac yn uwch, fedrwn i ddim ei anwybyddu. Ond wrth edrych allan am y trydydd tro, yr unig beth welwn i oedd un seren ddisglair yn yr awyr. Wrth i larwm y Sea-Me droi'n un sgrech aflafar barhaus, penderfynais fynd allan ar y dec i ymchwilio'n iawn. Ac er mawr syndod i mi nid seren ddisglair oedd yn yr awyr o gwbl ond golau ar hwylbren cwch hwylio a oedd o fewn ugain metr i ni ac yn anelu'n syth amdanom. Gwaeddais ar dop fy llais, ac yn wyrthiol roedd un o'r criw yn llywio ar y dec. Clywodd fy sgrech a newid cyfeiriad ar amrantiad. Roedd fy nghalon yn curo'n ddidrugaredd a phrin fedrwn i anadlu. Er mai cwch hwylio tua 40 troedfedd oedd o, byddai wedi bod yn ddigon i'n rhwygo'n ddarnau. Sylweddolais fod rhywun yn rhywle uwch ein pennau'n gofalu'n ddyfal iawn amdanom ni.

> *People are about as happy as they decide*
> *that they are going to be.*
> Abraham Lincoln

Roedd cystadleuaeth rygbi'r Chwe Gwlad wedi dechrau, yn atgof fod bywyd adre yn dal i symud yn ei flaen hebddon ni. Ers 1999, pan ddechreuais chware rygbi yng Ngharfan 'A' Merched Cymru, roeddwn i wedi gwylio pob un o gêmau'r bencampwriaeth. Yn ffodus, roedd digon o bobl wrth law i yrru sylwadau ar y gêmau, ac roedd yna dipyn o dynnu coes ar wefan Woodvale rhwng y Cymry a'r Saeson oedd yn ein cefnogi ni. Roedd y bwrdd negeseuon ar wefan Woodvale yn cael ei ddefnyddio'n rheolaidd, efo trafodaethau amrywiol iawn yn ymddangos arno, ac fe fyddwn yn mwynhau eu darllen pan fyddai Gles yn eu gyrru i ni ar e-bost.

Bu'r diwrnod y curodd Cymru Loegr yn un anhygoel am fwy nag un rheswm. Roeddwn i ar fy egwyl yn y caban yn derbyn sylwebaeth reolaidd dros y ffôn lloeren. Ac ar yr eiliad y cyrhaeddodd yr wybodaeth ddiweddaraf yn dweud ein bod ni wedi ennill, daeth ton enfawr a thaflu Herdip oddi ar ei sedd. Yn ffodus ni chafodd niwed, ac wrth lanio ar y dec cafodd weledigaeth wyrthiol – tynnu'r golau LED o'r caban blaen a'i ailosod ar hyd y dec er mwyn ei ddefnyddio i oleuo'r cwmpawd. Bu wrthi'n ddiwyd yn ystod ei hegwyl wedyn ac roedd yn llawn balchder y noson honno wrth iddi lywio'n hawdd gyda chymorth y golau. Bu'n hwb iddi mewn mwy nag un ffordd, a chododd ei hysbryd yn sylweddol.

Roedd y dyddiau'n toddi'n un, a'r wythnosau'n prysur

garlamu heibio. Roedd Karen a Duncan yn paratoi i hedfan allan i Antigua yn barod i'n croesawu. Mae Karen yn ffrind eithriadol o driw, ac wedi i mi gyhoeddi fy mwriad i rwyfo'r Iwerydd fe fu hi'n gefn bob milltir o'r daith, yn union fel y bu drwy ddyddiau poenus fy ysgariad. Fel arwydd o'i ffydd y byddwn yn cwblhau'r daith, roedd hi a Duncan wedi archebu gwyliau yn Antigua yn ystod y dyddiau yr oeddwn wedi rhag-weld y byddwn i'n glanio – rhwng 60 a 70 diwrnod o ddechrau'r ras. Ond roedd hi'n amlwg bellach na fydden ni'n glanio mor gynnar â hynny, ac y byddai Karen yn hedfan yn ôl am Brydain a ninnau'n dal efo cannoedd o filltiroedd yn weddill. Ond roedd hi'n angenrheidiol iddynt hedfan allan yno. Roeddwn i angen iddynt gludo fy nillad i allan gyda nhw am nad oedd gen i'r un cerpyn o ddilledyn addas i'w wisgo wedi i ni lanio. Bryd hynny, yn ystod y paratoi, doeddwn i ddim wedi trafod efo Dad a Mam y posibilrwydd y gallen nhw deithio draw i Antigua. Doeddwn i ddim eisiau rhoi pwysau arnynt i deimlo bod rhaid iddynt hedfan allan yno. Er y byddai hwn yn brofiad oes i mi, gwyddwn y byddai teithio mor bell y tu hwnt i'w delfryd hwy o wyliau, a doeddwn i ddim yn gweld hynny'n deg iawn. Ond yn fuan iawn ar ôl i mi gychwyn roedd Dad wedi cyhoeddi mewn sgwrs ffôn ei fod yn edrych ymlaen am wyliau cyn dechrau'r tymor wyna y flwyddyn honno!

Yr elfen emosiynol anoddaf o'r daith i mi oedd derbyn y byddwn i'n colli allan ar lawer o bethau gan fod y fordaith yn cymryd cymaint mwy o amser na'r disgwyl. Camgymeriad mawr oedd trefnu dyddiadau penodol i edrych ymlaen atynt ar ddiwedd y daith. Roeddwn i wedi gobeithio cael ymlacio efo Karen wrth i ni dorheulo yn haul braf Antigua, hedfan allan i Las Vegas i gyflwyno canlyniadau fy ngwaith ymchwil mewn cynhadledd, a gwisgo i fyny er mwyn dathlu Gŵyl Sant Ffolant mewn swper crand yn Hampshire. Roedd Jo wedi trefnu'r achlysur hwnnw er mwyn codi arian at ein hachos. Roedd yn rhaid i mi bellach dderbyn y byddwn i'n colli pob un o'r rhain ac roeddwn yn dechrau pryderu a fyddai ganddon ni ddigon o fwyd i orffen y daith. Fedrwn i ddim credu i fi fod mor ffôl â thaflu cymaint o fwyd dros yr ochr brin bedair wythnos ar ôl dechrau'r fenter. Roedd blasu'r un math o fwyd, bryd ar ôl pryd, ddydd ar ôl dydd, yn ddiflas tu hwnt, ac roedd y cyflenwad o siocled i gyd wedi gorffen ers wythnosau. Bellach roedd pob gobaith o gyflawni'r nod o ran dyddiad glanio wedi diflannu. Erbyn hyn, ailgylchu bag te dair neu bedair gwaith y dydd oedd y pleser mwyaf oedd ganddon ni. Roedden ni hefyd yn rhedeg yn beryglus o isel ar bapur tŷ bach – a doedd neb eisiau gorfod meddwl am y sefyllfa honno!

Efo pum cant o filltiroedd i fynd deuthum i benderfyniad. Petaen ni mewn argyfwng ac angen ein hachub, fe ddylai bad achub Antigua fedru dod o hyd i ni o fewn pedair awr ar hugain. Tybiais y medrwn ddygymod â phedair awr ar hugain yn y rafft achub heb siocled, ac felly agorais y bag nwyddau achub a thynnu'r siocled argyfwng allan ohono. Roedd fy ysfa am siocled yr eiliad honno'n fwy nag y medrwn ei wrthod. A hyd yn oed wrth ddarganfod llwydni arno, wnaeth hynny ddim amharu dim ar y pleser a'r mwynhad o gael blas siocled ar fy ngwefusau'r funud honno. Does dim posib gorliwio faint o fwynhad all merch ei gael o loddesta ar un bar bach o siocled!

Wedi treulio'r wythnosau cyntaf yn methu symud i lawr i'r de, fe dreulion ni'r wythnosau olaf yn ymladd yn erbyn cael ein gyrru'n ormodol i'r de. Pryderwn y byddai dynesu at Antigua o gyfeiriad rhy isel yn ein rhwystro rhag medru cyrraedd y llinell derfyn am fod llanw cryf iawn yno. Er mwyn llwyddo i gyrraedd y lan, gwyddem y byddai'n rhaid i ni fod yn ofalus iawn wrth ddewis ein cyfeiriad at yr ynys, yn enwedig heb Frank yno i'n hachub ni. Ond roedd y gwynt yn mynnu cymhlethu pethau. Doedden ni ddim yn medru teithio'r un faint o filltiroedd bob dydd, ac er bod Antigua'n agosáu, doedd dim posib gweld diwedd ar y daith.

Glanio yn Antigua

In the confrontation between the stream and the rock,
the stream always wins, though not through strength
but by perseverance.
H. Jackson Brown

Roedd yr oriau olaf yr un mor annioddefol â'r oriau cyntaf, er bod yr atgofion am y teimladau hynny fel petaent yn dod o oes arall bellach. Roeddwn i'n dioddef yn affwysol o'r ddannodd ac roedd y cyffuriau lladd poen wedi cael effaith andwyol ar fy stumog. Ond mae'n debyg fod emosiynau'r achlysur yn creu hafog hefyd. Roedden ni ar fin glanio ar ddiwedd ein taith.

Bellach roedd goleudy Shirley Heights ar gornel Antigua i'w weld ar y gorwel, a'r wincio rheolaidd yn hypnotig i'w wylio. Roedden ni wedi cael noson dawel braf, ac wedi cysgu efo hatsh y caban ar agor. Edrychais i fyny ar y sêr. Mor glir ac mor llachar yr ymddangosent, a'u hadlewyrchiad yn dawnsio'n fywiog ar y tonnau. Atgoffais fy hun i wneud darlun byw o'r olygfa yng nghefn fy meddwl er mwyn sicrhau na fyddwn byth yn anghofio harddwch y funud, na'r wefr o fod yn rhan ohoni.

Roedden ni'n mordwyo'n hamddenol ar ongl o 270° tuag at y llinell derfyn. Llinell anweledig oedd hon ond llinell allweddol o fewn rheolau'r ras. Roedd yn rhaid i ni ei chroesi i gael ein cyfrif yn swyddogol fel rhwyfwyr llwyddiannus Cefnfor Iwerydd. Ar ôl un wythnos ar ddeg ar y môr, yn gofidio'n gyson na fydden ni byth yn dod yn agos ati, roedden ni bellach yn agos iawn at gwblhau'r daith. Bron na fuaswn i'n gallu nofio'r darn bach olaf.

Edrychais i fyny i'r awyr unwaith eto. Gwyddwn fod Mam, Dad a Gles fy chwaer yno'n rhywle yn hedfan ar eu ffordd i'n gweld ni'n glanio. Dyna'r rheswm pam nad oedden ni wedi bod yn rhwyfo ers bron i dridiau bellach. Wedi treulio pob eiliad o'r daith yn dyfalu pryd y bydden ni'n cyrraedd pen y siwrnai, gyda'n bras amcan o ddyddiad y glanio yn newid yn ddyddiol, roedden ni wedi bod mewn cryn benbleth yn penderfynu pryd y dylai'r tri hedfan allan i'n croesawu. Roeddwn eisoes wedi profi siom enfawr ar ôl i Karen a Duncan, fy ffrindiau pennaf, hedfan yn ôl i Brydain gan nad oedden ni wedi cyrraedd Antigua ar amser. Ond yn syth ar ôl i Dad, Mam a Gles archebu tocynnau awyren, newidiodd y tywydd o'n plaid a'n gwthio'n gyflym tuag at Antigua.

Yna sylweddolodd pawb y byddai Herdip a finnau wedi glanio mor gynnar fel y bydden ni yn y maes awyr i groesawu Dad, Mam a Gles. Felly doedd dim dewis ond peidio rhwyfo eiliad chwaneg a gadael i'r tonnau ein cario'n hamddenol tuag at y lan. Ond hyd yn oed wedyn, roedden ni'n mordwyo ar gyflymdra sylweddol ac yn dal mewn peryg o fod yno o'u blaen. Unrhyw oedi yn y maes awyr, a byddai'n broblem. Ond fedrwn i ddim cysidro glanio heb iddynt fod yno bellach. Wedi'r holl hynt a helynt, yr holl emosiynau, yr holl bryderu, yr holl brofiadau, roedd yn rhaid iddynt fod yno i rannu yn y dathlu, ac yn y rhyddhad o'n gweld ni'n glanio – hyd yn oed os byddai'n rhaid eistedd ar angor am blwc.

Ond doedd Herdip yn amlwg ddim yn hoffi'r syniad o eistedd ar angor wrth y lan. Roedd David yn hedfan allan i'n croesawu hefyd, ond roedd o wedi prynu tocyn awyren arall ar ôl sylweddoli na fyddai yno'n ddigon buan. Am resymau amlwg, doedd yr un o'r ddwy ohonom am oedi eiliad yn hwy nag oedd ei angen ar y cwch hwn, a hyd yn oed wrth angor, roedd perygl i ni gael ein golchi yn erbyn y creigiau. Roeddwn i'n agos at ddagrau ac yn agos hefyd at ddyrnu Herdip.

Teimlwn yn hollol ddigalon. Yn ystod yr holl amser y

bûm yn breuddwydio am gwblhau'r fordaith hon, am weld tir sych, am gyrraedd pen y daith, ni feddyliais erioed mai fel hyn y bydden ni'n gorffen. Ein cwch ni fyddai'r cwch olaf i gwblhau'r ras. Roedd tri chwch wedi mynd heibio i ni yn y tridiau diwethaf. Ond er bod hynny yn ei hun yn anodd ei dderbyn i'm natur gystadleuol i, doedd o ddim yn esbonio fy emosiynau'n gyfan gwbl.

Roeddwn wedi colli pob mymryn o'r brwdfrydedd a'r dyfalbarhad fu gen i ar hyd yr amser i gwblhau'r daith. Doedd gen i ddim diddordeb mewn croesi'r llinell derfyn bellach, ond doeddwn i ddim yn deall pam fy mod i'n teimlo fel hyn chwaith. Yn fy nychymyg, roeddwn i wedi meddwl y byddai bod yn y sefyllfa hon yn fy rhoi ar ben y byd, yn fy ngwneud i'n ecstatig. Ond y funud honno, yr unig beth y medrwn ei deimlo oedd tristwch am fod fy antur ar fin dod i ben, a siom am nad oedden ni wedi'i chyflawni'n well. Roeddwn wedi cael profiad unigryw, profiad arbennig. A rŵan roeddwn yn boddi mewn hunandosturi am fod popeth bron â bod ar ben. Ond nid yn y ffordd y dymunwn. Y cwbl oeddwn i eisiau rŵan oedd cael gafael yn dynn yn Dad a Mam, eu cofleidio – a chrio. Ond er eu bod nhw ar y ffordd yno, teimlwn yn bellach oddi wrthynt ar yr eiliad honno nag ar unrhyw amser arall ar y daith.

Wrth fethu dal fy sylw i gadarnhau ein bod yn llywio i'r cyfeiriad cywir, collodd Herdip ei thymer am nad oeddwn i'n dangos unrhyw ddiddordeb yn y sefyllfa. Ond roeddwn wedi cael digon ar redeg y sioe, ar gario'r baich, ar wneud y penderfyniadau. Doedd gen i ddim amynedd ymateb i'w hwyliau drwg hi unwaith eto. Eisteddais yn ddiymateb wrth iddi weiddi'n wyllt a rhuthro i mewn i'r caban.

A ninnau ddeng milltir o'r lan, cysylltais â Gwasanaeth Achub Môr Antigua a Barbados (ABSR) i'w rhybuddio ein bod yn agosáu. Gyda rhyw filltir i fynd, daeth ABSR allan i'n cyfarfod gydag Amanda, un o weithwyr Woodvale, efo nhw.

Eisteddwn yn fy sedd yn eu gwylio'n agosáu. Fedrwn i ddim dod o hyd i'r nerth i godi i'w croesawu hyd yn oed. Chwifiodd Amanda'i breichiau yn yr awyr yn egnïol, a daeth Herdip allan o'r caban wrth glywed ei llais. Yn araf dechreuais wisgo fy sgidiau'n barod i rwyfo'r filltir olaf yn *Dream Maker*. O dderbyn cyfarwyddiadau am y llanw, newidiais fymryn ar ein cyfeiriad gan anelu'n syth am greigiau Antigua. Rhywle yn eu canol roedd y fynedfa i Nelson's Dock. O fewn munudau canodd Amanda'r corn i arwyddo ein bod wedi croesi'r llinell anweledig … ond doedd Mam, Dad a Gles byth wedi cyrraedd o'r maes awyr! Beth ddylen ni e i wneud?

Roedd cyflwr y môr yn dipyn mwy bywiog wrth inni agosáu at y lan a'r tonnau'n llamu'n ôl oddi ar y creigiau. Collais reolaeth ar y cwch am eiliad a throdd y tonnau ni'n ôl i wynebu'r môr. Dechreuodd Herdip gyd-rwyfo efo fi yn y gobaith y byddai mwy o bŵer yn ein cadw ar y cyfeiriad cywir. Yng nghanol y dryswch cyhoeddodd Amanda dros y radio fod Mam, Dad a Gles wedi cyrraedd. O'r diwedd! Y ffasiwn ryddhad! Wedi'r holl boeni, roedd yr amseriad yn gwbl berffaith. Gallwn rwyfo at y diwedd rŵan.

Eiliadau'n ddiweddarach, wrth inni agosáu at yr harbwr, llanwyd yr awyr gan fflachiadau coch, gwyn ac oren. Roedd llu o bobl allan ar eu cychod hwylio, a'r rheiny'n gychod drudfawr, yn gweiddi a chlapio wrth inni rwyfo heibio yn edrych fel cardotwyr. Roedd eraill yn canu eu cyrn niwl. Edrychais ar y llu o wynebau ar y lan. Rhywle yn eu plith roedd Sinead, fy ffrind o'r gwaith; Lin a Rachel o gwch *Barbara Ivy*; David, cariad Herdip ac wrth gwrs, Mam, Dad a Gles. Roedd yr awyrgylch yn drydanol. Newidiodd f'emosiynau unwaith eto o un eithaf i'r llall o fewn eiliadau i'w gilydd.

O'r diwedd cefais gip ar faner Cymru ar y lan, a gwyddwn yn sicr bellach fod Dad a Mam a Gles yno. Yn fy mrys i'w gweld, anghofiais arafu ar gyfer cyfeirio'r cwch yn daclus at y lan, a chlywais glec enfawr wrth inni grafu'n galed yn erbyn wal yr harbwr. Teimlai fel oriau wrth i fi ymbalfalu i dynnu'r rhwyfau allan o'u lle fel y medren ni fod yn ddigon agos i gamu allan a sefyll ar y lan. Chwifiais faner Cymru yn yr awyr cyn camu'n sigledig i freichiau Dad. Cydiodd yn dynn amdanaf a chlywais ochenaid ddofn yn ei wddw. Syllais i'w lygaid a sylweddoli cymaint o straen roedd y siwrnai wedi'i achosi iddo. O fewn eiliadau roedd Mam a Gles wedi ymuno efo ni yn y cofleidio. Crynais o dan bwysau'r foment gan fethu credu fod y siwrnai bellach drosodd.

Roeddwn wedi gwireddu breuddwyd! Fi oedd y Gymraes gyntaf i rwyfo ar draws Cefnfor Iwerydd – ar ôl 77 diwrnod, 7 awr a 37 munud o antur a dim ond 42 o ferched oedd wedi gwneud hynny o'n blaen. Roedd y ddwy ohonom yn dal ar dir y byw, ac yn dal i gyfathrebu. Yn fwy anhygoel na dim, roedd ein hymdrechion wedi llwyddo i gasglu £190,000 tuag at waith ymchwil metabolig yn Ysbyty Plant Great Ormond Street. Ond yng nghanol bwrlwm y dathlu, fedrwn i ddim ymfalchïo'n llawn yn ein llwyddiant. Roeddwn ar ben y byd o fod yng nghwmni'r teulu eto ond nid oeddwn yn teimlo ein bod yn haeddu'r holl glod gan y dylsen ni fod wedi gwneud yn well, rywsut. Croesi'n gynt, codi mwy o arian, doeddwn i ddim yn sicr sut. Ond ym mêr fy esgyrn teimlwn nad oeddwn wedi rhoi'r cyfan oedd gen i i'w roi.

Dygymod â thir sych

A cloud does not know why it moves in just such a direction
and at such a speed ...
It feels an impulsion ... this is the place to go now.
But the sky knows the reasons and the patterns behind all
clouds, and you will know, too, when you lift yourself
high enough to see beyond horizons.

Richard Bach

Ar ôl noson dda o gwsg wedi i ni lanio, deffrois yn gynnar iawn y bore canlynol. Roedd mwynhau gwely clyd, cynnes, sych wedi bod yn fwy pleserus nag y medrwn ei esbonio mewn geiriau. Ond eiliadau wedi i mi ddeffro, roeddwn i'n ysu am weld y môr. Felly, heb newid o'm pyjamas, euthum i lawr i eistedd ar y traeth. Ac yno, wrth wrando ar y tonnau'n golchi ar y lan, dechreuais grio heb unrhyw reolaeth. Ochneidio crio. Crio efo dagrau a ddôi o waelod fy stumog. Crio o ryddhad am ein bod ni wedi llwyddo. Crio o rwystredigaeth am nad oedden ni wedi gwneud yn well. Crio am y gofid roeddwn i wedi'i achosi i Dad, Mam, Gles ac eraill. A chrio am ei fod bellach i gyd drosodd, ac nad oedd gen i ddim byd i edrych ymlaen ato yn awr. Boddi mewn dagrau o hunandosturi. Ond o'r diwedd sychodd y dagrau ac edrychais allan ar y gorwel unwaith eto gan wybod fod y môr wedi treiddio i fêr fy esgyrn bellach.

Cafodd Dad, Mam, Gles a finnau wythnos fythgofiadwy yn Antigua. Un o'r manteision o fod wedi glanio o fewn eiliadau i'n gilydd oedd y ffaith fod ganddon ni wythnos gron gyfan i ymlacio a mwynhau cwmni'n gilydd. Fasai Gles a fi byth wedi mynd ar ein gwyliau efo Dad a Mam yn ein tridegau fel arall, dwi'n siŵr! Ddim i un o ynysoedd moethus y Caribî yn bendant. Bu'r gwyliau'n llawn hwyl ac antur, ac fe aethon ni â Dad a Mam i snorclio, hwylio a hedfan mewn hofrenydd dros losgfynydd Montserrat. Cafodd Gles hefyd achos i ymfalchïo ar ôl gorfod dod allan mewn caiac i achub ei chwaer fach wrth i mi fethu meistroli syrffio gwynt.

Yn ystod yr wythnos honno, eisteddodd Mam a finnau ar dywod aur Antigua yn trafod y fenter, ac ymdrechodd Mam yn ei gofid i wneud i mi addo na fyddwn i byth yn gwneud y ffasiwn beth eto. Esboniodd gymaint o faich fu'r gofid i Dad yn arbennig.

Drwy gytuno, ac addo peidio gwneud dim byd tebyg eto, byddwn yn dod â thawelwch meddwl a rhyddhad i'r ddau berson pwysicaf yn fy mywyd, ond fedrwn i ddim. Byddai mynd ar lw i Mam yno yn Antigua yn ddim byd mwy na dweud celwydd yn agored. Gwyddwn bryd hynny y byddai'n rhaid i mi ymgymryd â menter arall rywbryd yn y dyfodol. Peth hunanol y tu hwnt i eiriau yw dewis gwneud rhywbeth sy'n achosi poen a gofid i'r rhai sy'n eich caru, ond fedrwn i ddim dychmygu bradychu fy nheimladau fy hunan chwaith. Ai bod yn hunanol ynteu amddiffyn fy hunan oeddwn i?

Daeth yr amser i hedfan adre, a phan gyrhaeddais faes awyr Gatwick fedrwn i ddim credu pwy oedd yno yn ein disgwyl. Dyna lle roedd Jo a Lucy, a'u plant Mia, Henry a Rupert; Jamie, ein noddwr; Ashok Vellodi, arbenigwr ar glefydau metabolig a goruchwyliwr fy noethuriaeth; Niamh, nyrs oedd yn arbenigo mewn clefydau metabolig; a Michelle, ffisiotherapydd – i gyd wedi dod i'n croesawu. Chwifient gennin Pedr, baneri Cymru a baner fawr yn dweud, 'Nautical Nurses Rule the Waves'. Roedden nhw i gyd wedi dilyn y dot ar y sgrin yn ddyddiol ac wedi byw pob eiliad o'r antur efo ni. Cyrhaeddodd Sera yno hefyd, rhyw fymryn bach yn hwyr, ond roeddwn yn falch iawn o'i gweld hi.

Gweld Nain oedd y peth pwysicaf i'w wneud wedi i mi gyrraedd Cymru fach. Roedd Nain wedi dathlu ei phen blwydd yn gant oed ddeufis cyn i fi ddechrau ar y daith. Ac wrth i mi ffarwelio â hi cyn gadael, roedd rhan fach ohonof yn bryderus na faswn yn ei gweld hi byth eto. Er ei bod hi'n iach, roedd hi mewn oedran mawr. Ond ddylwn i ddim fod wedi gofidio. Fyddai Nain byth wedi ein gadael heb gael fy ngweld adre'n saff. Dwi'n siŵr o hynny.

It is not the critic who counts, not the man who points out how the strong man stumbles or where the doer of deeds could have done them better. The credit belongs to the man who is actually in the arena, whose face is marred by dust and sweat and blood; who strives valiantly; who errs, who comes short again and again, because there is no effort without error and shortcomings, ... who knows ... the great devotions; who spends himself in a worthy cause; who at the best knows in the end the triumph of high achievement, and who at the worst, if he fails, at least fails while daring greatly, so that his place shall never be with those cold and timid souls who know neither victory nor defeat.
Theodore Roosevelt

Yn fuan iawn, roeddwn i 'nôl yn fy swyddfa foethus yn Canary Wharf yn amau ai breuddwyd fu'r cyfan. Weithiau roeddwn i'n methu credu fod y fenter wedi digwydd o gwbl, ac yn ei chael yn anodd derbyn fod popeth drosodd. Cefais drafferth mawr yn gorfod dygymod efo eistedd wrth ddesg am wyth i naw awr y diwrnod. Roeddwn i wedi colli'r gallu i ganolbwyntio ar ddim am fwy nag ychydig funudau ar y tro, a'm meddwl yn dianc yn gyson i hel atgofion am y môr a'r wefr o fod allan arno. Treuliais oriau lawer yn breuddwydio beth i'w wneud nesaf. Roeddwn i'n ysu am gael profi'r teimladau eithafol hynny o wthio fy hun yn bellach, yn bellach nag y medrwn i gredu fyddai'n bosib. Doedd bywyd o ddydd i ddydd ddim yn cymharu ar ôl dioddef a mwynhau i'r graddau y gwnes i allan ar yr Iwerydd.

Pan gyrhaeddodd e-bost oddi wrth Tom yn dweud ei fod e'n bwriadu rhedeg chwe marathon mewn chwe diwrnod ar draws anialwch y Sahara, doedd dim rhaid meddwl ddwywaith cyn cytuno i ymuno efo fo. Er nad oeddwn i'n hoff o redeg, roedd yr her yn apelio ata i, ac roedd arnaf angen nod i anelu ato er mwyn rhoi hwb a symbyliad i mi fy hun. Heb nod, sut oeddwn i i wybod beth i anelu ato?

Roeddwn i'n cymdeithasu'n rheolaidd efo criwiau'r *Pura Vida* ac *Ocean Summit*. Roedden nhw'n deall fy nheimladau, yn rhannu fy awydd am antur. Doedd dim angen esbonio'r reddf oedd ynof a'r ysfa am wneud mwy – roedden nhw'n teimlo yr un fath. Roedden ni'n gwmni peryg i'n gilydd, yn bwydo'n gilydd efo syniadau am anturiaethau newydd.

Rhwng prysurdeb gwaith ac ychydig o falchder, doeddwn i ddim yn ymarfer mor galed ag y dylwn i ar gyfer yr anialwch. Pa mor anodd fyddai chwe diwrnod yn yr anialwch wedi saith deg saith diwrnod ar yr Iwerydd? Yn bwysicaf, wnes i ddim ymarfer dygymod efo'r bwyd sych y byddwn yn ei fwyta wrth i mi redeg am bump i naw awr y dydd heb ddim egwyl – trefn dipyn yn wahanol i'r un wrth rwyfo.

Doedd pethau ddim yn argoeli'n dda wrth gyrraedd dinas Cairo. Sylweddolais fod fy mag, efo popeth hanfodol ar gyfer y ras, yn dal yn eistedd yn daclus ar y rhedfa yn T5 ym maes awyr Heathrow. Daeth Glesni i'm hachub unwaith eto a gwneud galwadau lu yn trefnu i yrru'r bag ar fy ôl. Roedd rhannu stafell deulu efo Tom a John yng nghanol Cairo heb ddillad sbâr na dim arall yn brofiad difyr, a dweud y lleiaf.

Wedi taith o naw awr mewn bws ar draws yr Aifft, cyraeddasom linell gychwyn y ras. Yno roedd 154 o gystadleuwyr o bedwar ban byd wedi'u rhannu mewn pebyll mawr a choelcerth enfawr o dân yn y canol, a dim ond 36 ohonom yn ferched. Roedd Tom, John a minnau yn rhannu pabell 'Aba' efo naw o gystadleuwyr eraill.

Er bod pawb yn fwy pryderus am dymheredd uchel yr anialwch yn ystod y dydd, roedd gofyn ystyried hefyd fod y tymheredd yn disgyn yn isel iawn yn y nos. Gan fod y cystadleuwyr yn gorfod cario popeth efo nhw am yr wythnos gyfan, gan gynnwys eu bwyd, roedd pawb wedi dewis y sach gysgu deneuaf, ac yn cario cyn lleied o ddillad â phosib. Roedd trefnwyr y ras yn pwyso bag pawb ar y llinell gychwyn. O ystyried fod gan rai dros ugain cilogram o bwysau i'w gario, roeddwn i'n fodlon iawn nad oedd fy mag i ond ychydig dros wyth cilogram. Ond roedd hynny'n gwneud y nosweithiau ar y tywod caled yn oer ac yn ddiflas. Chysgodd neb rhyw lawer y noson gyntaf honno wrth ddod i ddygymod â'r oerfel a'r llawr anghyffyrddus, heb sôn am ofidio am y profiad oedd o'n blaenau.

Dechreuodd y ras am naw o'r gloch y bore canlynol, ac roedd o'n brofiad braf iawn gweld baner Cymru'n hedfan dros y llinell gychwyn. Roedd dau Gymro arall yn cystadlu hefyd. O fewn munudau roedd Tom a John wedi diflannu i'r pellter gan fy ngadael yn rhan o'r garfan araf yn y cefn. Ar y diwrnod cyntaf hwnnw roedd y tir o dan ein traed braidd yn greigiog, a hynny'n gwneud y rhedeg yn haws. Roedd cwmni 4 Deserts wedi trefnu'r ras yn eithriadol o fanwl, efo baner fach binc bob ugain metr yn dangos y ffordd i ni. Doedd dim rhaid dibynnu ar gwmpawd yma, ac roedd hi'n hawdd ymgolli mewn breuddwyd heb orfod canolbwyntio fawr ddim, dim ond mwynhau'r olygfa o greigiau o'n cwmpas oedd yn creu siapiau o bob math. Doedd hyn ddim yn annhebyg i edrych ar y tonnau draw ar y gorwel. Ond yn wahanol i donnau'r môr, roedd y tonnau hyn yn hir iawn yn agosáu. Bob rhyw ddeg i bymtheg cilometr, roedd y trefnwyr hefyd wedi gosod stondin ddŵr, gyda phob rhedwr yn cael ei gyfri i mewn ac allan, a meddygon wrth law i ofalu am bawb yn ogystal â thrin ambell i droed fregus. Fe ymddangosodd briwiau ar lawer o'r cystadleuwyr yn fuan iawn.

Aeth y diwrnod cyntaf heibio'n rhyfeddol o hawdd, ac ar ôl ychydig dros bum awr, cyrhaeddais y llinell derfyn, lle roedd y trefnwyr wedi ailosod ein gwersyll yn drefnus unwaith eto. Cysgais yn well y noson honno, a theimlo'n reit hyderus am ailgychwyn y diwrnod canlynol.

Roedd yr ail ddiwrnod yn dipyn mwy poenus. Erbyn un ar ddeg o'r gloch y bore, dwy awr ar ôl ailgychwyn y ras, roedd y gwres dros 40° Celsius. Roedd y tir yn dipyn mwy meddal hefyd, ac ambell waith, wrth ddringo un o'r twyni tywod, roedd fy nghoesau bach byrion yn diflannu i'r tywod hyd at fy mhengliniau. Cymerodd dros naw awr i mi gyrraedd y gwersyll yr ail noson honno, ac wedi i mi gyrraedd doedd gen i ddim o'r egni na'r awydd i fwyta dim byd. Roedd y bwyd sych yn troi ar fy stumog yno, ac yng ngwres y dydd y diwrnod hwnnw doeddwn i heb fwyta dim o werth.

Ar ddechrau'r trydydd diwrnod, fedrwn i ddim wynebu brecwast chwaith – uwd a mefus, fy ffefryn ar yr Iwerydd, ond yma roedd o'n gwneud i mi gyfogi. Bu pob cam yn un diflastod ar ôl y llall, a fedrwn i ddim diflannu i le hapus yng nghefn fy meddwl fel y medraf fel arfer pan fyddaf yn dioddef poen corfforol. Roedd y glud a ddaliai fy *gaifers* bellach wedi toddi gan adael i dunelli o dywod gasglu yn fy sanau. Wrth orffwyso bob rhyw awr, a gwagu'r tywod o'm sanau, roedd hi'n amhosib dod o hyd i greigiau bellach i gael mymryn o gysgod. Erbyn hyn roedd pob cam yn gofyn ymdrech enfawr. Byddai plentyn dwyflwydd oed wedi medru camu'n gynt na fi. Wedi rhedeg marathon yr Wyddfa, Llundain a Loch Ness, roeddwn wedi cellwair ambell waith nad oedd unrhyw berygl i mi daro'r wal chwedlonol honno y bydd rhedwyr mor aml yn cyfeirio ati. Roeddwn i'n rhedeg mor araf fel y byddwn yn siŵr o weld y wal oriau cyn hynny ac yn medru cerdded o'i chwmpas! Ond roeddwn i'n rhy ddall i sylwi ar y wal enfawr oedd yn ymddangos ar y gorwel y diwrnod hwnnw. Fedra i ddim esbonio sut deimlad oedd o, ond pan ddaeth y meddyg heibio yn y 4×4 gan ofyn a oeddwn i'n iawn, fedrwn i ddim hyd yn oed ateb. Fedrwn i ddim ond rhoi amnaid fach a derbyn yn ddiolchgar y cynnig o gael gorffen y milltiroedd olaf yng nghefn y 4×4.

Roedd hi'n anodd ymlwybro i mewn i'r babell lle roedd gweddill y cystadleuwyr eisoes yn ymlacio ar ôl gorffen y ras am y diwrnod, a chyfaddef nad oeddwn i wedi cyflawni'r ras. Fedrwn i ddim bwyta dim y noson honno, ond roeddwn i'n benderfynol o roi cynnig arall ar redeg y diwrnod canlynol. Llwyddais i lyncu ychydig o frecwast y bore hwnnw cyn ailgychwyn. Cerddais yr wyth milltir cyntaf efo Americanwr, a bu'n gwmni difyr. Ond yn fuan wedi'r stondin ddŵr gyntaf dechreuais daflu i fyny. Rhwng y gwres a'r diffyg bwyd, doedd fy nghorff ddim yn gwybod beth oedd yn digwydd. Cefais gyffuriau gan y meddyg i drio rhoi diwedd ar y cyfogi a'r chwydu. Ymlwybrais ymlaen, gan fethu rhesymu pam fod hyn mor annioddefol o anodd. Wedi rhyw bymtheg milltir roeddwn i'n gorfod eistedd bob pymtheg neu ugain munud am egwyl, ac yn fuan iawn y fi oedd yr olaf o'r cystadleuwyr. Roedd un o'r dynion lleol yn cerdded gyda chamel ar ôl pawb gan glirio'r baneri bach pinc yr un pryd. Ar ôl rhyw awr o'm dilyn yn ymlwybro'n araf cyhoeddodd na fyddai'r camel yn medru aros allan lawer hirach yn yr haul i aros amdanaf! Oedd, roedd hyd yn oed camel wedi syrffedu aros amdana i!

Daeth meddyg heibio, a chytunais ar unwaith, heb unrhyw ddadl, i gael fy nghludo gweddill y daith. Yn wir, dwi'n amau i mi ymbil am gael fy achub. Wrth ddringo allan o'r 4×4 ar ôl cyrraedd y stondin ddŵr nesaf roeddwn i'n teimlo'n benysgafn iawn. Roedden ni wedi cyrraedd gwerddon eithaf adnabyddus. Roeddwn i wedi sylwi ers tro ar goeden fach lewyrchus a dyfai ar y gorwel, ond ni theimlwn fy mod i lathen yn nes ati ers oriau. Wedi i mi gyrraedd yn y cerbyd, chefais i ddim cyfle i werthfawrogi harddwch y werddon gan i fi lewygu eiliadau ar ôl cyrraedd. Fel y digwyddodd, roedd pedwar meddyg y ras yno yn yr un stondin ac o fewn eiliadau roedden nhw wedi torri drwy fy nillad i osod dwy nodwydd yn fy mreichiau a thrallwyso hylif yn cynnwys halen a siwgr drwyddynt. Fe wnaethon nhw osod paciau rhew o'm hamgylch hefyd. Roeddwn i'n gymysglyd iawn wrth ddod ataf fy hun, a syllais yn chwil am gryn amser ar y môr o wynebau oedd uwch fy mhen.

Gorffwysais y pnawn hwnnw yn y babell feddygol lle derbyniais fwy o hylif drwy wythïen a Coke cynnes i adnewyddu fy ysbryd a'm nerth. Doeddwn i ddim yn awyddus i ymuno â'r ras ar y pumed diwrnod. Roedd y pumed cymal yn chwe deg milltir o hyd ac yn debygol o gymryd dros ugain awr i'r mwyafrif o'r cystadleuwyr ei gwblhau. Treuliais y diwrnod hwnnw efo'r meddyg a Mohammed, a oedd yn gyrru'r 4×4 i fyny ac i lawr y cwrs yn cynnig cefnogaeth a chyffuriau i gadw'r cystadleuwyr yn y ras. Roedd hi'n anhygoel gweld ymdrech ddiddiwedd y rhedwyr, yn enwedig wedi i'r haul fachlud. Roedd ymweliad gan y meddyg yn eu sbarduno dros y milltiroedd olaf. Ond yn anffodus roedd ambell un fel fi'n gorfod rhoi'r gorau iddi, ac yn ymuno efo ni yn y 4×4 gan dderbyn bod yr anialwch wedi ein concro.

Ar y chweched diwrnod dim ond pum milltir drwy strydoedd Cairo oedd angen eu rhedeg er mwyn cyrraedd y llinell derfyn ger y pyramidiau. Ymunais efo'r gweddill ar gyfer y cymal olaf a theimlo fel twyllwr wrth gael fy nghymeradwyo dros y llinell derfyn gan lwyth o gefnogwyr a newyddiadurwyr.

Roeddwn i wedi methu yn fy nod, ond wedi cael profiad

bythgofiadwy, ac wedi dysgu gwers bwysig am werth paratoi. Roedd gweld enillydd y ras, Ryan Sandes o Dde Affrica, yn rhedeg wedi bod yn ysbrydoliaeth, a gwych oedd gweld fod y ddau Gymro arall yn y ras wedi gorffen yn bedwerydd ac yn ail ar bymtheg. Gwelais gornel o'r byd na fyddai llawer o bobl byth yn ei brofi; gweld ochr arall i natur, a chael y cyfle unwaith eto i brofi gwir ddistawrwydd, a gweld sêr yn disgleirio yn yr awyr heb i lygredd golau ddifetha'r olygfa. Unwaith eto, roeddwn hefyd wedi cael profi'r cyffur o wthio fy hun i'r eithafion. Yn hytrach na gwneud i mi anghofio am roi cynnig ar unrhyw antur arall, roeddwn i'n teimlo'n fwy brwdfrydig nag erioed. Roedd gen i fwy fyth i'w brofi bellach, ond gan dderbyn efallai mai 'babi-dŵr' nid 'babi-tywod' ydw i!

Mordaith Cefnfor India

The world is round, and the place which may seem like the end
may also be only the beginning.
Ivy Baker Priest

I am always doing that which I can not do, in order that I may
learn how to do it.
Pablo Picasso (1881–1973)

Bedwar mis ar ddeg a dau ddiwrnod ar ôl glanio yn Antigua, ym mis Chwefror 2008, roeddwn i'n eistedd ar gwch rhwyfo arall ym mhorthladd Geraldton, Dwyrain Awstralia, yn barod i gychwyn ar fordaith arall – y tro hwn ar draws Cefnfor India.

Doedd ond prin dri mis ers i mi gael galwad ffôn yn cynnig y cyfle i mi. O fewn dyddiau roeddwn wedi ymddiswyddo o swydd dda yng nghanol cyni gwaetha'r ganrif, wedi gosod fy nghartref i denant, ac wedi benthyg £8,000 gan y banc i ymaelodi efo'r Ocean Angels. Roeddwn hefyd wedi perswadio Ollie Garrigue, Ffrancwr a fu'n fy hyfforddi i chwarae rygbi pan oeddwn i'n chwarae i'r Wasps, i dalu £5,000 arall at y costau. O safbwynt dyn busnes, mae'n siŵr ei fod yn teimlo mai buddsoddiad digon tila fyddai hwn, ond fel ffrind roedd o'n fodlon fy nghefnogi.

Tair o ferched nad oeddwn prin yn eu hadnabod oedd yr Ocean Angels: Sarah Duff, Joanna Jackson a Fiona Waller, ond tair efo'r un freuddwyd yn union, sef bod y merched cyntaf erioed i rwyfo ar draws Cefnfor India. Ffolineb llwyr fyddai hyn ym marn y mwyafrif, ond wedi treulio'r holl amser ers i mi lanio yn Antigua yn dyheu am fenter arall, yn ysu am y cyfle i wneud yn well, fedrwn i byth wrthod y cyfle hwn.

Ond cyn cytuno, roedd yn rhaid i mi wneud galwad ffôn allweddol bwysig – ffonio Dad a Mam i ofyn am eu caniatâd i gael mynd! Doedd gofyn am sêl eu bendith i fynd ar y fordaith ddim yn deg, o wybod y boen yr oedd yr Iwerydd wedi'i achosi iddynt. Ond doeddwn i ddim am fynd yn hollol groes i'w dymuniadau chwaith. Bu'n bedair awr ar hugain hir cyn iddynt fy ffonio'n ôl i ddweud eu bod nhw'n fodlon gadael i fi fynd, heb wrthwynebiad. Efo pedair ohonom yn y cwch y tro yma, byddai'r profiad yn un llai pryderus. Dyna, o leiaf, oedd y gobaith.

Y tro hwn roeddwn i ar *Pura Vida*, cwch oedd bedair troedfedd yn hirach na *Dream Maker*. Ond dim ond pedair troedfedd yn fwy o le oedd ynddo i ddwy ychwanegol yn y criw. *Pura Vida*, sef cwch Tom, John, Carl a Robbie, oedd wedi ennill ras yr Iwerydd, felly gwyddwn ei fod yn gwch da. Ond gan iddo gael ei gludo allan i Awstralia ddyddiau ar ôl i fi gytuno i fod yn rhan o'r tîm, doeddwn i ddim wedi cael unrhyw gyfle i gyfarwyddo â'r cwch. Roedd popeth arno, yr holl offer, yn hollol newydd i mi, yn gwbl wahanol i *Dream Maker*. Ond yn rhyfeddol, doedd hynny'n poeni fawr ddim arna i.

Edrychais tua'r lan. Doedd dim cymhariaeth rhwng Geraldton a La Gomera chwaith. Hyd yma roedd hyn fel cychwyn ar antur hollol wahanol. Ras rhwyfo cefnfor oedd hon eto ond fedrai'r daith at y llinell gychwyn ddim bod yn fwy gwahanol.

Roedd hi'n fantais enfawr cael ymaelodi â'r tîm mor hwyr yn y dydd gan fod gwaith caled y paratoi wedi'i wneud. Roedd popeth bron wedi'i gwblhau, popeth bron yn barod, a dim ond troi i fyny yn Awstralia oedd yn rhaid i mi ei wneud mewn gwirionedd. Roedd y tair wedi penderfynu ar elusen hefyd: Breast Cancer Care. Roedd Fiona wedi colli ei mam i gancr y fron, ac wedi dioddef o gancr ei hun. Roedd hi eisoes wedi goroesi cymaint o brofiadau gwael, ac felly roedd bod yn rhan o'r ymgyrch i gasglu arian at elusen oedd mor bwysig iddi yn fater hawdd.

Doeddwn i ddim yn teimlo unrhyw emosiwn wrth eistedd yno'n disgwyl am sgrech y corn i gyhoeddi dechrau'r ras – dim ofn, dim brwdfrydedd, dim ansicrwydd, dim byd. Roeddwn i'n hollol ddideimlad, ac yn canolbwyntio'n llwyr ar y daith o 'mlaen.

Er bod llai o gychod yn cystadlu yn y ras hon, roedd llwyth o bobl leol wedi dod allan i ddymuno'n dda i ni ar ein mordaith, ac roedd cannoedd ohonynt yn edrych fel morgrug ar y lan. Yng nghanol y criw yr oedd Shelley, chwaer Steve, fy nghyn-ŵr. Roedd hi a'i theulu'n byw yn Awstralia bellach ac wedi gyrru'r holl ffordd o Perth i ddymuno'n dda i ni ar ein taith, ac i gydnabod nad oedd dim drwgdeimlad yn bodoli rhyngom ni ar ôl yr ysgariad. Roeddwn i'n ddiolchgar iawn iddi am wneud yr ymdrech. Doeddwn i ddim yn gorfod pryderu am Mam a Dad ar y lan y tro hwn. Roedd hi'n ganol y tymor wyna, a gweddïais y byddai hynny'n cadw pawb adre'n rhy brysur i ofidio amdanaf.

Roeddwn i'n rhwyfo'r ddwy awr gyntaf efo Jo, tra oedd Fiona a Sarah yn cael mwynhau'r hwyl o ffarwelio â'r cychod eraill o'n cwmpas. Roedd deg cwch yn cystadlu'r tro hwn: pedwar tîm o bedwar, pedwar tîm o ddau, a dau unigolyn. Ni oedd yr unig dîm o ferched, ond ni oedd yr unig rai efo unrhyw fath o brofiad o'r hyn oedd i'w ddisgwyl ar y fordaith oedd o'n blaenau. Roedd Fiona a Sarah wedi rhwyfo'r Iwerydd mewn cwch o bedair yr un pryd â finnau, ac wedi glanio yn Antigua dridiau o'm blaen. Rhwng y tair ohonom roedd ganddon ni brofiad o 225 o ddyddiau'n rhwyfo cefnfor. Ond pwy wyddai beth fyddai Cefnfor India yn ei daflu atom? Roedd pawb wedi'n rhybuddio y byddai'n brofiad dipyn anoddach y tro hwn. Gobeithiem y byddai'n profiad yn gwneud iawn am ein diffyg cryfder yn erbyn y dynion. Roedd y ras hon i Mauritius bron i 700 o filltiroedd yn hwy na'r un ar draws yr Iwerydd. Profiad, dyfalbarhad, agwedd bositif ac ynni diddiwedd oedd eu hangen ar gyfer ras fel hon. Hynny, a thipyn bach o lwc.

Wrth i'r morgrug ar y lan bellhau, a'r sgwrsio rhwng criwiau'r cychod eraill dawelu, edrychais o gwmpas yn syfrdan wrth feddwl fy mod i'n un o'r bobl fwyaf ffodus yn y byd. Fi, o bawb, yn cael y cyfle a'r fraint o brofi antur hollol unigryw, fythgofiadwy am yr eildro o fewn dwy flynedd.

> *When you reach the end of your rope,*
> *tie a knot in it and hang on.*
> Thomas Jefferson

> *Grasp today with all your might,*
> *it is the tomorrow you feared yesterday.*
> Dienw

Bu'r dyddiau cyntaf ar *Pura Vida* yr un mor anghyffyrddus â'r rhai hynny ar *Dream Maker*. Toddodd y ddau ddiwrnod cyntaf yn un profiad diflas, poenus wrth i ni frwydro ymlaen, a phob un ohonom yn canolbwyntio ar fodoli'n unig.

Cawsom ein rhybuddio y byddai gadael tir yn anodd gan fod darn enfawr o dir fel Awstralia yn mynd i fod fel magnet yn ein tynnu'n ôl. Yr oedd pethau'n fwy cymhleth hefyd am fod angen i ni lywio i'r gogledd o amgylch ynysoedd yr Abrolhos, lle roedd y llanw'n un gymysgfa gymhleth wrth iddo daro'n ôl ac ymlaen rhwng Awstralia a'r ynysoedd. Roedden ni'n brwydro yn erbyn tonnau cyflym oedd yn trafaelio o bob cyfeiriad posib gan ein taflu'n ddidrugaredd oddi ar ein seddi. Er fy mod i'n gyfarwydd â chael fy nhaflu oddi ar fy sedd ar yr Iwerydd, roedd grym y tonnau hyn yn eu gwneud nhw'n fwy creulon.

Wrth i flinder y ddau ddiwrnod cyntaf ddechrau dangos, a ninnau'n dod i sylweddoli y byddai popeth a fu'n boenus ac yn annioddefol ar yr Iwerydd yr un mor boenus ac annioddefol yma ar Gefnfor India hefyd, roedd hi'n dawel iawn ar *Pura Vida*. Roedd pob un ohonom, mae'n siŵr, yn gweddïo na fydden ni'n diodde'r amodau hyn yr holl ffordd. Ond ar y trydydd diwrnod sylweddolais mai un o'r peryglon mwyaf y bydden ni'n ei wynebu ar y fordaith hon fyddai ni ein hunain. Roedd y tonnau a'r gwynt yn gwneud pethau'n annioddefol, a dro ar ôl tro roedden ni'n cael ein taflu o gwmpas yn ddidrugaredd. Ond doedd neb am fod y gyntaf i ystyried cael egwyl, a defnyddio'r para-angor am gyfnod i roi cyfle i'r elfennau newid o'n plaid.

Roedd Sarah a Fiona wedi bod yn rhan o griw nad oedd yn medru cydweithio ar yr Iwerydd, ac wedi brwydro i gario un aelod gwan o'r criw yr holl ffordd ar draws y cefnfor. Fel finnau, roeddynt ill dwy'n casáu meddwl am fod yn rhan o griw bregus eto. A chredwn fod gan Jo, yr unig un yn y criw nad oedd wedi rhwyfo cefnfor o'r blaen, fwy i'w brofi na neb arall ac felly am sicrhau na fyddai ei diffyg profiad yn dangos, nac yn effeithio arnom fel tîm. Yn dawel bach, credaf fod y tair arall, fel finnau, yn casáu meddwl am fod yr aelod gwannaf o'r criw, ac felly doedd neb am fod y gyntaf i sôn am gymryd egwyl – yn enwedig mor fuan yn y daith. Brwydro yn ein blaenau oedd yr unig ddewis.

Daeth y newyddion fod tri o'r cychod allan o'r ras o fewn tridiau yn ergyd i'n hyder. Gwaeth newydd oedd clywed fod Roger, oedd yn rhwyfo yn *Dream It, Do It*, wedi cael ei anafu'n ddrwg wrth iddo gael ei daflu o'i sedd gan don wyllt.

Wrth ddod i ddiwedd shifft arbennig o frawychus penderfynais godi'r testun o orffwyso ar y para-angor am blwc. Yng nghanol yr ymdrech i newid drosodd yn ddiogel, a'r gwynt yn rhuo'n uchel o'n hamgylch, chefais i ddim ymateb i'm cynnig. Brwydrodd Sarah a Fiona am ddwy awr eto. Gwyddwn wrth sefyll allan ar y dec ar ôl fy egwyl nad oedd pethau wedi tawelu dim, ond dechreuodd Jo a finnau ar ein cyfnod o rwyfo, yn rhy bryderus i ymddangos yn rhy wan i ddyfalbarhau. Ond penderfynais y byddai'n rhaid trafod y sefyllfa efo Jo. Yng nghanol y gwynt roedd rhaid yn gweiddi'n uchel er mwyn i ni glywed ein gilydd. Un o'r anfanteision mwyaf o rwyfo drwy wynebu tuag yn ôl yw ei bod hi bron yn amhosib i'r naill glywed y llall pan fydd y tywydd yn ddrwg.

Gwaeddais ar Jo fy mod i'n pryderu am ein diogelwch wrth ddal ati i rwyfo, â'r môr yn y cyflwr hwnnw. Ond cawn hi'n anodd trafod y peth, yn arbennig efo Fiona. Roedd hi fel petai'n gwrthod trafod y sefyllfa. Gwaeddodd Jo yn ôl, gan ddweud ei bod hithau hefyd yn ei chael hi'n anodd cyfathrebu efo Fiona. Eiliadau'n ddiweddarach, cyn i ni fedru trafod ymhellach, ymddangosodd pen Fiona o'r caban gan weiddi, 'If you're going to talk about me, at least wait until I've gone to sleep.' Roedd y gwynt wedi bradychu'n cyfrinach, a llanwodd fy stumog ag ofn fy mod ar gychwyn mordaith arall a fyddai'n llawn tyndra. Ymdrechodd Jo a finnau i rwyfo ymlaen mewn distawrwydd llwyr.

Ond rhyw hanner awr yn ddiweddarach cododd ton enfawr a tharo Jo yn greulon oddi ar ei sedd. Yr eiliad honno penderfynais fod hyn yn hollol hurt, a mynnais ein bod ni'n rhoi'r gorau i rwyfo nes byddai'r haul yn codi o leiaf. Heb ddweud llawer, cadwodd Jo a finnau'r rhwyfau a gollwng y para-angor. Gan nad oedden ni wedi trafod ein penderfyniad efo'r ddwy arall, teimlwn braidd yn bryderus a fydden nhw'n cymeradwyo'r hyn roedden ni wedi'i wneud. Ond roeddwn i'n sicr ein bod ni'n gwneud y peth iawn, yn arbennig lle roedd ein diogelwch yn y cwestiwn.

Roedden ni wedi cytuno y byddai Fiona a Jo yn rhannu y caban ôl (stern) am bymtheg diwrnod cyntaf y fordaith, a Sarah a minnau yn yr un bach yn y blaen. Roedd y caban blaen yn eithriadol o fach, yn llai na dau fetr o hyd a heb ddim lle i eistedd i fyny o gwbl ynddo. Yn wir, roedd yn atgoffa rhywun o arch. Roedd gosod Sarah a fi, y ddwy ferch fwyaf o'r criw, yn y caban blaen efo'n gilydd ar y dechrau fel hyn yn gamgymeriad mawr. Doedd dim lle i anadlu bron iawn. Gan fod ton ar ôl ton yn golchi drosom, doedd dim posib gadael yr hatsh yn gilagored neu byddai dŵr y môr yn llifo dros ein pennau. Bob hyn a hyn, pan fyddai'r awyr yn rhy dew i ni anadlu, byddem yn agor yr hatsh er mwyn llenwi'r caban ag awel, gan weddïo na fyddai ton yn golchi drosom ar yr eiliad honno. Naw gwaith allan o ddeg, dyna fyddai'n digwydd, gan ein gadael ni'n wlyb diferol.

Gwthiwyd ni naw milltir yn ôl y diwrnod hwnnw a bu bron i mi fynd yn wallgof wrth gael fy nghyfyngu i'r caban bach am ddeg awr ar hugain. Roedd y gwres yn y caban bellach yn annioddefol. Roedd Fiona wedi profi'r peth ar yr Iwerydd a daeth Jo a minnau'n gyfarwydd â fo yn fuan ar Gefnfor India, sef gallu Sarah i belydru gwres eithriadol. Ac er nad oedd dim bai arni hi, roedd cael fy nghyfyngu mor agos ati hi a'i gwres annioddefol, heb sôn am y lleithder a'r diffyg awyr iach, yn fy ngwneud i'n hurt bost. Doedd y ffaith fod Sarah'n medru gorwedd yn hapus braf yn yr un safle, heb orfod symud dim am ddeg awr ar hugain, yn helpu dim ar fy nghyflwr meddyliol.

O'r diwedd, tawelodd y môr ddigon i ni fedru mentro allan ar y dec. Eisteddodd Fiona a minnau i archwilio'r difrod. Roedd y tonnau wedi rhwygo ein bwrdd dagr, sef dyfais ar ffurf cilbren codadwy, ac roedd o bellach i'w weld yn dawnsio ar wyneb y môr, bron wedi torri'n rhydd. Ar ben hynny roedd un o'n rhwyfau wedi'i thorri'n ddwy, a braced y llyw awtomatig wedi'i rwygo i ffwrdd yn gyfan gwbl. Roedd ein golau nos ar do'r caban blaen hefyd wedi mynd. Roedd bron bob un o'n hatshys wedi llenwi efo dŵr – gan gynnwys yr un oedd yn dal ein cell danwydd – oedd bellach wedi'i difrodi'n llwyr gan y dŵr. Roedd *Pura Vida* wedi bod mewn tipyn o frwydr, ond roedd wedi llwyddo i'n cadw ni'n hollol ddiogel.

Déjà vu llwyr oedd neidio i'r môr i rwygo'r bwrdd dagr i ffwrdd. Fedrwn i ddim ei drwsio, ac er y byddai bod hebddo'n gwneud pethau'n anodd i ni, doedden ni ddim am ei lusgo ar draws y môr. Byddai'n debygol o'n harafu neu achosi difrod i ystlys y cwch wrth iddo daro yn ei erbyn. Wedi methu ei ddatgymalu tra oeddwn ar y dec, penderfynais mai neidio i mewn i'r môr oedd yr unig opsiwn, ac felly y bu. Doedd y môr ddim yn dawel o bell ffordd, ond doeddwn i ddim am wastraffu amser yn disgwyl iddo dawelu. Yn ffodus, wrth i mi nofio o dan y cwch a thynnu arno â'm holl nerth, daeth yn rhydd yn hawdd ac roeddwn i 'nôl yn niogelwch y dec mewn dim o dro.

Roedd colli braced y llyw awtomatig yn ei gwneud bron yn amhosib llywio oherwydd ei fod o'n rhan allweddol o'r cynllun llywio ar *Pura Vida*. Bellach roedden ni heb y gell danwydd – darn newydd o offer fyddai'n rhoi pŵer i ni gan ddefnyddio nwy methan – a hynny'n ychwanegol at y paneli solar. Roedd y llyw awtomatig yn drwm iawn ar bŵer, ac wrth edrych yn ôl mae'n amlwg na fyddai ganddon ni ddigon o bŵer beth bynnag i ddibynnu arno ar hyd y daith. Ond roedd y system lywio wedi'i chynllunio i gynnwys y llyw awtomatig a doedden ni ddim yn medru ei ailosod i lywio efo'r traed yn unig. Roedd bod hebddo yn y dyddiau cyntaf, a ninnau'n dioddef sgileffeithiau diffyg cwsg ac yn ymdrechu i ddygymod â symudiad y môr, yn cymhlethu pethau'n eithriadol.

Er mwyn llywio hebddo roedd yn rhaid i'r rhwyfwraig yn y stern stopio rhwyfo a symud y llyw efo llaw. Roedd hwnnw wedi cael ei osod ar yr ochr dde i'r sedd, ac yn fuan iawn sylweddolais ei fod yn rhy bell i mi fedru ei gyrraedd o'r sedd. Wrth orymestyn byddai ton bron bob amser yn ein taro ar yr union eiliad honno gan gipio'r sedd oddi tanaf a gadael clais mawr du lle byddwn yn glanio ar y rheilen. Yn fuan iawn fe ddois i gasáu gorfod bod yn gyfrifol am y llywio, a hynny â chas perffaith.

Yn fuan wedi i ni rwyfo heibio ynysoedd yr Abrolhos, a medru llywio tua'r gorllewin yn hytrach na'r gogledd-orllewin, fe newidiodd yr elfennau. Ac o'r diwedd daeth pethau'n haws.

... it is not strength of body but rather strength of will which carries a man farthest where mind and body are taxed at the same time to their utmost limit.
Apsley Cherry-Garrard

For the average man, there is the ocean – empty, beautiful, available and infinitely appealing.
Dr William A. Nierenberg

Roedd hi'n rhyddhad ymgynefino â'r drefn wedi anawsterau'r dyddiau cyntaf. Ac yn fuan iawn roedd Sarah, Fiona a minnau yn ôl yn nhrefn y môr, fel petai croesi Cefnfor Iwerydd ddim ond wedi digwydd ychydig oriau'n ôl. Roedd Jo wedi profi yn ystod y dyddiau cyntaf ei bod hithau'r un mor gryf ac mor abl i gydymffurfio â'r drefn.

Roedd ganddon ni drefn wahanol y tro hwn o'i gymharu â'r daith ar draws yr Iwerydd. Yn hytrach na rhwyfo am ddwy awr, gorffwyso am ddwy awr, bedair awr ar hugain y dydd, ddydd ar ôl dydd, byddem yn rhwyfo am naw deg munud yn ystod y dydd, dwy awr dros gyfnod y wawr a'r machlud, a phedair awr yn y nos. Roedden ni'n awyddus iawn i osgoi sgileffeithiau diffyg cwsg, oedd wedi bod mor llethol ar yr Iwerydd. Byddai pedair awr ddi-dor o gwsg yn gwneud byd o wahaniaeth, ac er ein bod ni'n ymwybodol na fyddai ein rhwyfo'n debygol o fod mor effeithiol am bedair awr gyfan, roedd o'n gyfaddawd roedden ni'n barod i'w dderbyn.

Pum diwrnod ar ôl dechrau'r daith roedd hi'n amser newid y partneriaid rhwyfo. Daeth hon yn elfen hollbwysig, ac yn drefniant a sicrhaodd ein bod yn cydweithio'n dda fel tîm. Roedd cael newid cwmni a chael sgwrs wahanol yn newid byd, yn awyr iach a olygai nad oedden ni'n syrffedu mor hawdd. Roedd pynciau trafod a dealltwriaeth pob pâr yn hollol wahanol, a hyd yn oed ar adeg egwyl, roedd hi'n braf cael clustfeinio ar sgyrsiau'r ddwy arall. Sicrhaodd y drefn hon na chrëwyd unrhyw dyndra o ganlyniad i raniadau 'ni a nhw' o gwbl ar y daith.

Bob pymtheg diwrnod byddai un ohonom yn symud o'r caban yn y stern i'r caban blaen hefyd. Yr oedd y symudiad bach hwn o ryw ddau fetr yn dipyn o achlysur yn y dyddiadur. Yr oedd y caban yn y stern a'i faint helaeth, sef $3 \times 6 \times 3.5$ troedfedd, yn cynnig mwy o foethusrwydd, gyda lle i eistedd i fyny (i raddau) ac ymestyn y coesau! Ond yn sgil y moethusrwydd, deuai cyfrifoldeb am nifer o ddyletswyddau yn ystod pob egwyl. A byddai hynny'n aml yn faich wrth i mi ddyheu am gwsg. Drwy gylchdroi fel hyn, golygai fod pawb yn rhannu'r cyfrifoldebau'n deg, a'r profiad o fyw yn y caban blaen. Er bod byw yn y caban bach yn rhoi mwy o gyfle i orffwyso, mae bodoli mewn bocs sydd fawr iawn mwy nag arch, efo drws bach dwy droedfedd a hanner i ymwthio allan drwyddo, yn cymryd tipyn o ymgyfarwyddo.

Yn hytrach na'r stof draddodiadol, roedden ni wedi buddsoddi mewn boeler jet ar gyfer y daith hon gan y byddai'n berwi'r dŵr yn gynt, a hynny drwy ddefnyddio llai o nwy. Ond y broblem o ddefnyddio'r ddyfais hon oedd nad oedd braced i'w dal, ac felly byddai'n rhaid gafael yn y boeler drwy'r amser neu byddai'r tonnau'n ei daflu o gwmpas yn ddiddiwedd. Unwaith eto, roedd perygl o gael tân yn y caban, ond doedd yr un ohonom am eistedd allan ar y dec wrth ferwi dŵr, yn enwedig tra byddai'r llall yng nghlydwch y caban blaen yn aros yn amyneddgar am ei bwyd! Ar y troeon prin hynny pan fydden ni'n ddigon ffôl i osod y boeler i lawr am eiliad, byddai'n troi drosodd gan daflu fflam a dŵr berw i bob cyfeiriad yn y caban. Ond byddai hynny'n sicrhau na fydden ni'n gwneud yr un camgymeriad ddwywaith – ddim yn ystod yr un egwyl, beth bynnag!

Roedd cyfrifoldebau'r caban stern yn golygu defnyddio'r peiriant dŵr, a chadw golwg ar y GPS a'r AIS yn ogystal. Roedd ganddon ni AIS (Automatic Identification System) yn hytrach na Sea-Me y tro hwn – darn o dechnoleg hynod soffistigedig a nodai enw pob llong dros 300 tunnell oedd ar y gorwel (a thu hwnt) ynghyd â chyflymdra'r llong a'r cyfeiriad y teithiai ynddo, gan eu rhybuddio hwythau ein bod ni yno – gwybodaeth hollbwysig i sicrhau ein diogelwch ni ac i leihau'r gofid o weld llong yn agosáu.

Yr un math o beiriant dŵr oedd ganddon ni'r tro hwn hefyd, ond roedd adeiladwyr *Pura Vida* wedi'i osod yn wahanol. Yr oedd tanc dŵr a ddaliai ugain litr wedi'i osod yn y gali, a thap pwmp wrth ei ymyl. Doeddwn i ddim yn hoff o'r cynllun, ac yn gweld y pwmpio ychwanegol yn wastraff llwyr o egni ac amser. Roedd pethau'n fwy cymhleth gan nad oedd hi'n bosib gweld faint o ddŵr oedd ar ôl yn y tanc. Pan fyddai'r peiriant yn rhedeg, byddai'n amhosib gweld pryd oedd y tanc yn llawn, ac yn aml byddai'n gorlifo i mewn i'r hatsh gan achosi mwy o waith. A phan oedden ni'n brin o bŵer, doedd dim posib penderfynu sut i rannu'r cyflenwad oedd ganddon ni ar ôl. I ychwanegu at y broblem, roedd safle'r tanc yn golygu nad oedd dim lle i sefyll wrth gamu allan o'r caban stern. Pethau bach felly sy'n gallu mynd ar eich nerfau wrth fyw mewn lle mor gyfyng.

Cyfrifoldeb y person yn y caban sta rn oedd paratoi'r prydau bwyd i'w chyd-rwyfwraig. Byddai cryn drafod ar bob shifft be fyddai ar y fwydlen y diwrnod hwnnw, a thipyn o haglo os oedd gan rywun rywbeth mwy blasus ar ddiwrnod arbennig. Ond roeddwn i'n euog ambell waith o fwyta bwyd y gweddill, yn ddamweiniol wrth gwrs! A doedd hynny byth yn dderbyniol.

Wedi dysgu o brofiad rhwyfo'r Iwerydd pa mor sydyn mae rhywun yn syrffedu ar yr un bwyd, y tro hwn roedden ni wedi archebu bwyd gan dri chwmni gwahanol, ac roedd y fwydlen yn un amrywiol iawn. Fy ffefryn i'n sicr oedd cig oen, efo tatws stwnsh a saws mint. Roedd yn odidog. Ond dwi'n amau y buasai Dad yn dadlau na fu'r tameidiau cig erioed yn rhan o anifail byw!

Unwaith y byddai'r bwyd yn barod, byddai'n cael ei basio i lawr i'r caban blaen gan y rhwyfwyr, efo'r un neges bob tro: 'Mwy o ddŵr os ydi hi isio, mwy o ddŵr os ydi hi isio, mwy o ddŵr os ti isio.' Ac ymhen ychydig, wedi i'r pecyn bwyd gael ei archwilio, byddai'r ateb yn cael ei gyfleu yn ôl: 'Na, mae'n iawn fel mae o, diolch. Na, mae'n iawn fel mae o, diolch. Na, mae'n iawn fel mae o, diolch.' Doedd 'na ddim byd yn undonog am ein taith!

Y swydd bwysicaf, a'r un fwyaf pleserus, o fyw yn y caban blaen oedd bod yn gyfrifol am y ffôn lloeren a'r gliniadur. Wedi i'r haul godi yn y bore, a'r uwd ar fin bod yn barod, roedd troi swits y ffôn ymlaen i dderbyn y negeseuon a chysylltu efo'r gliniadur i dderbyn e-bostiau yn bleser heb ei ail. Byddai'r eiliadau (munudau ambell waith) yn aros i'r negeseuon ddod trwodd yn boenus o hir a llawn disgwyliadau. Sawl neges a gawn ni heddiw? Pwy fydd yn derbyn y nifer fwyaf o negeseuon heddiw? Be oedd y newyddion mawr adref heddiw? Be oedd safle pob cwch yn y ras? Sut oedd y cystadleuwyr eraill yn dygymod? Dyna'r math o gwestiynau a fyddai'n mynd drwy'r meddwl.

Os byddai'r tywydd yn ffafriol byddai'n bosib gadael drws y caban ar agor a darllen y negeseuon i gyd i'r ddwy a fyddai'n rhwyfo. Fe fydden nhw wedyn, yn eu tro, yn ailadrodd y cyfan i bwy bynnag fyddai yn y caban blaen. Byddai negeseuon Cymraeg yn cymhlethu rhywfaint ar y drefn wrth gwrs! Roedd derbyn negeseuon yn hollol allweddol i godi'r ysbryd, a byddai trafod mawr wedyn ar y newyddion a dderbyniwyd. Fe fu ffliw'r moch, y dirwasgiad, a marwolaeth Michael Jackson ymhlith y newyddion mawr. Pan fyddai pethau'n ymddangos yn amhosib o anodd, byddai neges yn awr ac yn y man yn medru newid popeth, atgyfnerthu'r batris a rhoi hwb i'r galon.

Trefn ddyddiol arall a'n diddanodd am lawer awr oedd ysgrifennu ein blòg. Ein bwriad o'r dechrau oedd diddanu ein cefnogwyr gan osgoi eu syrffedu efo'r sefyllfa ddyddiol. Byddai chwerthin am ein sefyllfa a'n digwyddiadau dyddiol yn rhoi rhyw wedd wahanol i'n dioddefaint a'r boen roedden ni wedi'i hachosi i ni ein hunain. Er iddi fod yn straen cael yr 'awen' i ysgrifennu ar rai dyddiau, roedd ymateb ein ffrindiau a chefnogwyr y ras yn gwneud i ni deimlo rhyw ddyletswydd i ddyfalbarhau i ysgrifennu. Roedd yr hwyl a gawsom wrth ysgrifennu yn werth cludo pwysau'r gliniadur – a mwy.

Hwyl arall a gafwyd ar y dec ambell waith oedd cael sioe ddillad – yn enwedig cyn mynd allan am swper! Doedd bwyta yn y caban blaen ddim yn hawdd bob amser, yn enwedig ar fôr garw. Roedd rhaid ymdrechu i fwyta wrth orwedd ar eich bol, a hynny'n helpu dim i dreulio'r bwyd sych a fyddai'n pwyso ar eich stumog wedyn. Ambell waith, er mwyn cael newid byd a thorri ar drefn undonog y diwrnod, byddai'r sawl oedd yn y caban blaen yn mynd i ymweld â'r un yn y caban ôl am swper! Byddai hyn yn ddigwyddiad mawr yn y dyddiadur, a ninnau fel pob merch arall yn gwisgo i fyny ar gyfer yr achlysur. A ninnau'n rhwyfo'n noeth fel arfer (am fod halen yn drwch ar ein dillad fel arall), byddai gwisgo dillad isaf hyd yn oed yn achlysur, ac roedd gan Sarah yn arbennig ddillad isaf tlws iawn i'w dangos. Wrth gerdded y ddau fetr ar draws y dec, felly, byddai pawb yn cael gwerthfawrogi'r wisg hardd a thrafod cyfuniad y diwrnod hwnnw (er nad oedd gan neb fwy na dau neu dri dilledyn i ddewis ohonynt beth bynnag!).

An agreeable companion is as good as a carriage.
Publilius Syrus (*c.*42 CC), Maxim 143

Second helpings are what happiness is all about.
Winnie the Pooh

Roedd cydrwyfo â Sarah yn brofiad hwyliog dros ben. Dydw i erioed wedi cwrdd â neb mor hapus a llawn gobaith â Sarah – a go brin y gwna i gwrdd â neb tebyg iddi eto. Yng nghanol unrhyw sefyllfa medrai ddod â gwên i'n hwynebau efo'i dywediadau digri a'i chanu swynol! 'Brrr! It's a bit Arctic!' fyddai un o'i dywediadau dyddiol wrth iddi ymddangos yn noeth ar y dec yn barod i rwyfo'i shifft. Hynny a 'Stop it! I don't like it' wrth y tonnau, yn y llais mwyaf merchetaidd y medrech ei ddychmygu wrth i don arall olchi drosti. Roedd Sarah fel petai hi'n byw'n barhaol ar ryw gwmwl pinc, mawr, hapus – beth bynnag fyddai ein sefyllfa, boed ddigri neu ddifri! Yn aml iawn, wrth i fi rwyfo efo Sarah, ychydig iawn o rwyfo gwirioneddol fedrwn i ei wneud gan y byddwn yn chwerthin cymaint. Dechreuodd Sarah ddysgu Cymraeg hefyd, ac un o'r gêmau a chwaraeai'r ddwy ohonom i ladd amser oedd cyfri am yn ail i gant yn Gymraeg, Saesneg a Ffrangeg: 'un, two, trois, pedwar, five, six'.

Un o'r atgofion mwyaf byw o rwyfo a fydd yn aros efo fi am oes oedd rhwyfo efo Sarah am bedair awr gyfan gron yn yr hyrddwynt mwyaf annioddefol a brofais ar un o'r nosweithiau tywyllaf a welais. Wnaeth y glaw ddim llacio o gwbl, ac roedd y gwynt yn udo'n barhaol. Ond roedd dealltwriaeth yn bodoli rhwng y pedair ohonom. Roedd pedair awr o gwsg di-dor ar eich pen eich hun yn y caban yn nefoedd – yn sanctaidd. Hyd yn oed yn y tywydd mwyaf hunllefus, felly, os na fydden ni mewn perygl, aros allan i rwyfo oedd raid. Roedd hi'n rheol wedi'i cherfio ar lechen. Ond oni bai am gwmni diddan Sarah, fyddwn i byth wedi gallu parhau ar y shifft honno. Dychmygai'r ddwy ohonom be fasai barn ein mamau petaen nhw'n ein gweld yn y ffasiwn sefyllfa. Mi fyddai Mam wedi diarhebu am y fath ffolineb. Rhyfygu diangen fyddai ei barn, yn siŵr. Fedren ni ddim cadw'n llygaid ar agor am fod y glaw'n rhedeg i lawr ein hwynebau'n ffrydiau, ac roedd cynnal sgwrs hyd yn oed yn amhosib am fod y gwynt yn cipio pob brawddeg.

Dechreuodd y ddwy ohonom ganu'n uchel er mwyn cystadlu efo sŵn yr elfennau o'n hamgylch. Roeddwn allan o diwn ac yn methu cofio geiriau unrhyw gân, ond roedd dyfalbarhau efo'r canu 'run mor bwysig â dyfalbarhau efo'r rhwyfo'r noson honno. Hynny, a mwynhau bar mawr o siocled ar ben pob awr! Roedd bwyta yn un o'r pleserau mwyaf ar y daith, ac yn ogystal â'r mwynhad o fwyta, byddai'r drafodaeth am beth i'w fwyta yr un mor bwysig ac yn llenwi oriau'r diwrnod. Efo pedwar bar o siocled i'w mwynhau'n ddyddiol, doedd dim posib bod yn ddigalon yn hir!

Ond doedd y chwerthin arferol, y canu aflafar a'r cyfri tairieithog ddim yn cael eu croesawu gan bawb! Er bod Sarah a minnau'n medru syrthio i gysgu'n hawdd a didrafferth yn ystod pob egwyl, doedd Fiona a Jo ddim yn medru cysgu cystal. A byddai unrhyw sŵn ar y dec yn gwneud pethau'n anoddach fyth iddynt, druan.

O fewn pythefnos o fod allan ar y môr roedden ni ar y blaen yn y ras. Bellach, roedd pedwar cwch wedi gorfod cael eu hachub ac allan o'r ras, a neb yn medru credu mai criw o ferched oedd ar y blaen. Roedd y cyfryngau yn Awstralia'n arbennig wedi dotio ar y stori, ac yn rhoi llwyth o gyhoeddusrwydd inni!

Roedd y pedair ohonom wedi disgyn i'r drefn yn gyflym gan fwynhau'r tywydd ffafriol roedden ni'n ei gael bellach. Roedd hyn yn gymorth mawr i ni lywio i'r cyfeiriad cywir. Dros yr wythnosau nesaf roedden ni'n hedfan. Fedrwn i ddim credu ein bod ni'n cael cymaint o hwyl arni. Bron nad oedd yr ymdrech yn teimlo braidd yn rhy hawdd! Roedd y pedair ohonom wedi dyheu am wneud yn dda, ac wedi gofidio am gael ein gadael filltiroedd ar ôl y gweddill. Ond hyd yn oed yn ein breuddwydion gorau doedden ni ddim wedi rhag-weld y bydden ni ar y blaen! Ond felly y bu hi am dros ddwy neu dair wythnos. Doedd yr holl ddioddefaint corfforol yn poeni dim arnom wrth i ni ymfalchïo yn ein safle. Er mwyn ddiddanu'n gilydd buom yn cynllunio ein gwisg ar gyfer derbyn gwobr Tîm y Flwyddyn ar raglen Pencampwyr y Flwyddyn y BBC! Dyna hwyl a gawsom yn breuddwydio.

> *The greatest joy of nature is the absence of man.*
> Bliss Carman

> *Exploration is the physical expression*
> *of the intellectual passion.*
> Apsley Cherry Garrad

Byddwn yn treulio oriau lawer yn myfyrio ac yn syllu ar y cymylau uwch ein pennau, a'r siapiau difyr a luniwyd ohonynt gan y gwynt. Byddai hyn yn destun sgwrs am oriau wrth i ni drafod pa siapiau a welem. Ond roedd dychymyg y tair arall yn llawer mwy bywiog na'm dychymyg i, a gwelent bob math o bethau. Liw nos, wrth i'r haul fachlud, byddwn wrth fy modd yn gweld y cymylau'n newid i liwiau o binc ac oren, a'r rheiny'n cael eu hadlewyrchu wedyn yn y môr. Roedd y lliwiau'n hardd dros ben ac yn newid derbyniol o'n byd glas arferol.

Yn ystod y nos byddai cyfle wedyn i fyfyrio ar y sêr. Roedd Fiona wedi dod â siartiau o'r sêr efo hi, a chafwyd boddhad mawr o ddarganfod y Groes Ddeheuol ac Orion ei hun yn y nen. Ambell waith, ar noson glir, credem yn siŵr ein bod hefyd yn gweld rhai o'r planedau.

Fe fydden ni'n derbyn rhagolygon y tywydd a chyflwr y môr gan gwmni yn Tidetech, Awstralia. Wedi inni dderbyn yr wybodaeth, fe fydden ni wedyn yn penderfynu ar ein cyfeiriad, a dyna oedd dechrau'r helfa am drolifau. Cylchdro o ddŵr troellog yw trolif; mae'n gryf iawn yn y canol, ond yn wannach ar yr ymylon. Y bwriad oedd ceisio dal cyrion trolif a defnyddio'i nerth i roi hwb fach i ni ar ein taith. Ond byddai'n rhaid dianc o'i afael yn ddigon buan cyn iddo ein cludo'n ôl am Awstralia. Roedd hyn yn golygu gwyro oddi ar y llwybr uniongyrchol, gan greu penbleth enbyd i'r cefnogwyr oedd yn gwylio cyfeiriad y dot ar sgrin eu cyfrifiaduron. Yn ôl y negeseuon a dderbyniem, credai pawb yr un fath, sef: 'Merched – methu darllen map!' A Duw a ŵyr, doedd 'na neb allan yno i ni ei holi! Am gyfnod fe wnaeth ein cynllun weithio'n rhagorol. Ond doedd Cefnfor India ddim am i ni gael pethau'n hawdd yr holl ffordd, a daeth diwedd ar ein lwc. Trodd yr elfennau yn ein herbyn, a gafaelodd crafangau'r trolif yn dynn ynom. Buom am ddyddiau diflas wedyn yn ymdrechu i ddod yn rhydd.

Tua'r seithfed wythnos, dechreuais innau deimlo effaith y rhwyfo a chyfyngdra'r cwch. Byddwn yn deffro o bob egwyl efo cur pen llethol, ac wrth ddringo allan o'r caban i'r dec byddwn yn benysgafn. Ambell waith disgynnwn ar fy nhrwyn, a phrin fedrwn i arbed fy hunan rhag cael codwm cas. Gan fy mod i mor drwsgl, roedd perygl i mi ddisgyn dros yr ochr i'r môr. Fedrwn i ddim deall beth oedd yn achosi'r broblem. Roedd hi'n rhy hwyr yn y daith iddo fod yn salwch mudiant, sef effaith symudiad y tonnau. Fedrai o ddim chwaith bod yn un o sgileffeithiau diffyg cwsg, gan fy mod i erbyn hynny wedi dygymod efo'r drefn gysgu'n dda iawn y tro 'ma. O'r diwedd fe wnaethon ni sylweddoli fod y caniau nwy oedd ynghlwm wrth y boeler jet wedi pydru yn y lleithder ac yn gollwng. Yn y caban bach cyfyng, heb ddim awyr iach yn cylchdroi ynddo, roedd unrhyw nwy yn ddigon i achosi cur pen. Roedd hi'n rhyddhad enfawr cael gadael y caban stern a'i gyfrifoldebau a dianc i'r arch yn y blaen. Cawn orffwyso mwy yno, heb ddim cyfrifoldebau – ar wahân i ddosbarthu'r papur tŷ bach! Roedd ein holl gyflenwad o bapur tŷ bach yn y caban blaen, a chafwyd hwyl a dagrau o chwerthin wrth basio'r darnau gwerthfawr allan i ymwelwyr â'r bwced mawr piws.

Mae rhwyfo'n medru bod yn broses hudol iawn. Llithro ymlaen, a'r breichiau allan yn syth (yn gymesurol os yw'n bosib). Gollwng y rhwyfau'n ysgafn yn y dŵr cyn dechrau gwthio'n ôl yn y sedd, a'r pŵer yn cychwyn o wadnau'r traed i fyny drwy'r pengliniau a chyhyr y cluniau gan dynnu'n ofalus ar y rhwyfau. Sicrhau wedyn fod y breichiau'n aros yn syth. Dim tynnu sydyn, dim ond un symudiad gosgeiddig. O ystyried symlrwydd y symudiad, a'r amser yn ymarfer, fe ddylswn fod wedi perffeithio'r dechneg. Ond mewn gwirionedd byddai'r meddwl yn crwydro, y cwch yn ysgytio a'r tonnau'n gyfnewidiol fel bod pob strôc yn wahanol a dim byd yn berffaith nac yn undonog. Drwy'r cyfan byddai'r corff yn ymgyfarwyddo â phob symudiad wrtho'i hun. Ond tua'r seithfed wythnos collais y gallu i rwyfo'n effeithiol.

Roedd yr elfennau yn ein herbyn ers cryn amser bellach, a chyflwr y môr yn gwneud y rhwyfo'n galed. Unwaith eto, roedden ni'n dioddef o ddwylo poenus. Roedden nhw wedi mynd yn siâp crafanc yn fuan iawn ar y daith, wrth i mi ymdrechu i gadw rheolaeth ar y rhwyfau yn y tonnau geirwon. Roedd y rhwyfau'n taro'n galed yn erbyn ein coesau gan achosi cleisiau, ac roedd croen Fiona druan wedi torri, a'r briw'n gwaethygu'n ddyddiol wrth i chwys a halen y môr gymysgu'n un gacen arno. Ond y broblem fwyaf i mi y tro hwn oedd poen eithriadol yn fy mhenelin dde. Wrth wthio'n ôl ar fy sedd, a theimlo pwysau'r môr yn cynyddu yn fy mreichiau, teimlwn boen siarp yn saethu i fyny fy mraich. Er mwyn ceisio osgoi'r boen dechreuais rwyfo a'm braich yn gam. Gwyddwn nad oedd hynny'n effeithiol, ond fedrwn i ddim dygymod â'r boen. Unwaith eto, doeddwn i ddim am ymddangos yn wan i weddill y tîm, felly wnes i ddim cyfaddef bod gen i boen, dim ond ymdrechu i ddyfalbarhau efo'n ffordd newydd o rwyfo.

Ond gan fy mod yn ymwybodol fy hunan nad oeddwn i'n rhwyfo'n effeithiol, dechreuais bryderu y byddai'r gweddill yn sylwi hefyd, a chael eu siomi yn fy ymdrech. Roedd gallu dianc i'r caban blaen yn rhyddhad am fwy nag un rheswm, felly. Yno, byddwn yn saff rhag unrhyw nwy a fedrai fod yn llygru'r awyr ac yn saff rhag sylw craff y gweddill a'r posibilrwydd o gael fy meirniadu am fy null o rwyfo. Mewn gwirionedd, does nunlle i guddio mewn cwch rhwyfo saith metr, ond mae'r caban blaen yn rhoi'r rhyddid ichi fwynhau mymryn bach o breifatrwydd.

Yr unig ryddhad wrth rwyfo bellach oedd bod seddi RowTec, y cwmni a'u cynlluniodd, yn llawer mwy cyffyrddus na'r rhai oedd ganddon ni ar *Dream Maker*. Ac er bod croen fy mhen-ôl yn friwiau halen i gyd, doeddwn i'n dioddef prin ddim o'r boen a brofais ar yr Iwerydd.

Wedi dygymod â'r drefn dros yr wythnosau, doedd yr ysfa am gwsg ddim mor gryf ag yn y dyddiau cyntaf. I dorri ar y diflastod ac osgoi treulio gormod o amser yn hel meddyliau, dechreuais ddarllen fy ail lyfr ar y daith, *Pillars of the Earth*, dewis Sarah. Yr oeddwn eisoes wedi gorffen y llyfr a ddewisais i, *The Longest Climb* – hanes Dominic Faulkner a'i griw yn beicio o'r Môr Marw i waelod Everest cyn dringo i gopa ucha'r byd. Roedd hwn yn llyfr a fu'n llawn ysbrydoliaeth. Ond roedd *Pillars of the Earth* yn nofel hir, llawn cyffro, a dwy awr o egwyl yn mynd heibio heb i mi gael eiliad o gwsg. Byddwn yn difaru yn fuan iawn wedyn wrth fethu aros yn effro ar fy shifft, a'r rhwyfwraig arall yn gorfod gweithio'n galed i gynnal sgwrs i'm cadw'n effro.

Ond gwaethygodd y tywydd unwaith eto, ac yn fuan

doedd gen i ddim amser i ddarllen nac i bryderu am farn y tair arall am fy null o rwyfo. Tua diwedd mis Mai, cawsom ein caethiwo mewn cyflwr o wasgedd isel, a rhoddodd hynny fwy o bwyslais ar oroesi yn hytrach na dim arall.

You are never less alone than when completely alone.
Edward Gibbon

To a man with imagination, a map is a window to adventure.
Francis Chichester

Roedd pawb wedi'n rhybuddio y byddai haul Cefnfor India'n danbaid ac yn annioddefol. Ac ar ambell ddiwrnod roedd hynny'n ddigon gwir. Ond prin iawn oedd y dyddiau hynny, wrth i ni symud o un cyfnod o dywydd garw yn syth i un arall. Yn bersonol, doeddwn i ddim yn dyheu am yr haul, er y byddai mymryn o liw haul yn rhyw fath o swfenîr o'r daith! Roedd atgofion am haul llethol yr anialwch a'i effaith arnaf yn dal yn fyw yn y cof. Yn yr ychydig ddyddiau o haul poeth a gawsom, roedd y gwres wedi effeithio arnaf. Ond doedd ymladd yn erbyn tywydd anffafriol ddydd ar ôl dydd, a phryderu am ddiffyg pŵer ddydd ar ôl dydd, ddim yn hwyl chwaith.

Roedd yr elfennau'n galetach yma ar Gefnfor India, yn sicr. Roedd yr haen o halen oedd dros bob dim yn llawer mwy trwchus, a'i flas ar ein gwefusau'n barhaol. Wn i ddim pam, ond efallai fod y ffaith nad oedd Llif y Gwlff yn rhedeg drwyddo yn rhannol gyfrifol am hynny. Ond roedd ein hoffer yn sicr yn dioddef, a phob olwyn ar ein seddi bellach wedi pydru, er gwaethaf y ffaith eu bod wedi'u gwneud o ditaniwm. Bu'n dipyn o fenter i gael yr olwynion diffygiol i redeg eto ambell waith ar y dec.

Ond creulondeb mwyaf Cefnfor India oedd nad oedd synnwyr (y medren ni ei ddehongli, beth bynnag) ym mha amodau yr oedd hi orau i ni rwyfo. Dymuniad pob rhwyfwr môr yw cael môr mawr tonnog yn teithio i'r un cyfeiriad â fo. Waeth beth fyddai uchder y tonnau, felly, fe fydden nhw'n eich cludo'n gyflym, yn gyffyrddus ac yn ddiogel, at y don nesaf ar eich taith. Byddai môr tawel, di-don, hefyd yn medru bod yn gymorth i gwtogi'r daith. Ond allan yn India doedd dim cysondeb ac ambell dro yn y moroedd tawelaf, lle roedd hi'n bosib gweld eich adlewyrchiad yn y dŵr, doedden ni ddim yn medru rhwyfo'r un fodfedd – dim ond troi mewn cylchoedd yn yr unfan.

Yr oedd hi'n ddiwrnod felly ar 6 Mehefin. Roedd ganddon ni ryw 1,200 o filltiroedd eto cyn cyrraedd pen ein taith, a ninnau nawr yn dechrau digalonni am fod cymaint o filltiroedd ar ôl i'w rhwyfo. Roedden ni wedi dioddef tywydd garw ers amser, ac wedi bod yn ysu am haul i godi'r galon ac i godi'r pŵer yn y banc! Doedden ni ddim hyd yn oed wedi cael ymweliad gan yr un dolffin, morfil na siarc; roedden nhw'n cuddio'n glyd ym mherfeddion dyfnderoedd y môr, mae'n siŵr. Doedd gweld enfys yn golygu dim bellach am fod enfys ar ôl enfys wedi methu gwireddu'r addewid am dywydd ffafriol i ddod. Teimlem wir angen am rywbeth i godi'r galon.

Felly, ar un o'r dyddiau brafiaf a gawsom, a ninnau'n gwneud dim ond troi mewn cylchoedd, doedd dim amdani ond mynd i nofio. Roedd Jo a minnau eisoes wedi bod yn y môr yn glanhau gwaelod y cwch, ac yn mwynhau'r newydd-deb o wneud rhywbeth nad oedd yn golygu rhwyfo! Jo ddechreuodd ar yr hwyl drwy ddringo i ben y caban blaen a neidio i mewn i'r dŵr, ac yn fuan iawn roedden ni i gyd yn ei dilyn. Yn groes i bob synnwyr cyffredin ac yn erbyn pob rheol ddiogelwch, neidiodd y pedair ohonom i mewn i ganol Cefnfor India efo'n gilydd, gan adael *Pura Vida* yn drifftio ar ei ben ei hun. Ffolineb llwyr oedd hyn o ystyried y basai awel fach o wynt wedi medru dwyn *Pura Vida* o'n cyrraedd o fewn eiliadau. Ond roedd hi'n demtasiwn rhy gref i beidio. Fedra i ddim esbonio yr harddwch o syllu i berfeddion y môr a'i lesni perffaith, gan wybod bod yna dair milltir o ddŵr oddi tana i, dros fil o filltiroedd rhyngof a thir, a Duw a ŵyr faint o filltiroedd uwch fy mhen. Roedd y tawelwch yn hudolus a bu'n donig ardderchog i'r galon.

A ninnau heb weld yr un llong ers chwe wythnos (roedden ni gryn bellter o'r prif lwybrau), cawsom dipyn o fraw o weld llong enfawr ar y gorwel. Fe fuon ni'n chwerthin am hir wrth feddwl beth fyddai ymateb criw'r llong pe baen nhw'n gwybod fod pedair 'Angyles' noeth yn nofio o fewn rhyw dair milltir iddynt.

Roedden ni bellach wedi disgyn i'r ail safle, a bechgyn *Bexhill* wedi mynd ar y blaen. Roedd hi'n ddigalon iawn gweld y gwahaniaeth o gannoedd o filltiroedd a fu rhyngom yn diflannu wrth i ni sefyllian mewn trobwll yn disgwyl am newid ffafriol yn y tywydd. Nhw oedd yr unig gwch i gymryd cwrs gogleddol, ac fe fu'n amlwg yn benderfyniad doeth wrth iddyn nhw wibio ymlaen mewn tywydd ffafriol. Am ddyddiau lawer, buom wedyn yn brwydro â bechgyn *Row4Prostate* am yr ail safle. Wedi ymfalchïo cymaint ein bod ar y blaen, byddai disgyn i'r trydydd safle wedi bod yn ormod o siom.

Yn ystod un o'r galwadau wythnosol adref, wrth drafod ein safle yn y ras, fedrwn i ddim credu pan ddywedodd Dad, 'Ond dynion ydyn nhw, Elin. O't ti ddim yn disgwyl curo dynion!' Dad druan. Roeddwn i'n synhwyro iddo ddifaru dweud hynny cyn iddo orffen y frawddeg. Roedd ein disgwyliadau ni ar *Pura Vida* yn uchel iawn bellach. Ac er y basai cyflawni'r daith wedi bod yn ddigon i ni yn y dyddiau brawychus cyntaf, roedd ganddon ni bellach ddisgwyliadau am y safle gorau ar y podiwm!

Tua'r un amser daeth y newyddion fod *Old Mutual*

Endurance wedi cael ei achub o'r ras. Wedi 53 diwrnod yn brwydro yn erbyn yr elfennau, fedrwn i ddim dychmygu profiad mwy dirdynnol na gorfod disgyn allan o'r ras bryd hynny. Ond roedd Simon, yn ddewrach (neu'n wirionach!?) na ni, wedi mentro i'r ras ar ei ben ei hun, ac felly wedi llwyddo'n anhygoel o dda i ddal ati mor hir. Bellach roedd hanner y cychod wedi gorfod ymddeol o'r ras. Roedd hynny ynddo'i hun yn dweud cyfrolau am yr amodau roedden ni'n eu profi.

> *On a journey of a hundred miles, ninety is but half way.*
> Dihareb Tsieineaidd

Roedd y pedwar can milltir olaf fel hunllef nad oedd posib deffro ohoni. Ar yr union adeg roedden ni'n ymdrechu i gyrraedd tir, roedd seiclon yn teithio i fyny arfordir dwyrain Affrica, a chawsom ein dal yn ei chrafangau. Chwythai'r gwynt ar gryfder o ddeugain milltir môr yr awr gan ein taro'n greulon o'r de. Roedd hi'n rhewllyd ac yn filain, a'r storm yn achosi i donnau o hanner can troedfedd a mwy dorri'n ddidrugaredd drosom. Wrth i don ar ôl ton olchi drosom, roedden ni'n suddo hyd ein canol yn nŵr y môr gan wylio'n ddiymadferth wrth i'n hoffer gael ei olchi i ffwrdd oddi ar y dec. Doedd dim modd achub unrhyw beth mewn pryd. Byddai tonnau eraill, fymryn yn llai o uchder, yn ein taro ar gymaint o gyflymdra fel y câi *Pura Vida* ei droi ar ongl letchwith, a'r ddwy oedd yn rhwyfo'n cael eu taflu'n ddidrugaredd o'u seddi. Dim ond y bariau ar ochr y cwch oedd yn ein rhwystro rhag cael ein taflu i mewn i'r môr. Daeth hyn yn ddigwyddiad rheolaidd, a dro ar ôl tro o fewn ychydig oriau, byddem yn cael ysgytiad annifyr.

Wrth weld ton yn agosáu atom byddai amser yn sefyll yn llonydd am eiliad wrth i arswyd yr eiliad rewi'n golygon. Ond doedd dim fedren ni ei wneud ond plygu pen yn sydyn ar yr eiliad olaf mewn ymgais i arbed ein hwynebau rhag hyrddiadau dŵr y môr, a gafael mor dynn ag y medren ni yn y rheilen ar ochr y cwch. Yng nghanol y tywydd mawr, wrth geisio newid safle efo Jo cyn dechrau ar fy egwyl, cododd ton enfawr a rhuthro ar garlam tuag atom. Roedd glesni'r don yn hudol, ac am rai eiliadau fedrwn i ddim ond rhyfeddu at brydferthwch y lliwiau oedd yn disgleirio uwch fy mhen. Cuddiai prydferthwch y lliwiau'r peryglon a ddeuai yn sgil y don. Roedd Jo yn enwedig mewn perygl, yn droednoeth a heb ddim i'w chlymu'n ddiogel wrth y cwch. Ar yr eiliad olaf taflodd ei hun tuag ataf, a gafael yn dynn amdanaf mewn ymdrech i arbed y ddwy ohonom rhag cael ein sgubo i'r môr.

Roeddwn i bellach yn dechrau colli'r penderfyniad a'r ewyllys i godi dro ar ôl tro, don ar ôl ton, ac ailafael yn y rhwyfau. Roeddwn wedi dangos fy mod i'n medru dyfalbarhau, ond beth oedd dal ati, dro ar ôl tro, yn y fath elfennau yn ei brofi? Dewrder neu wiriondeb?

Teimlai Fiona yr un fath â fi erbyn hyn, a gwnaethom y penderfyniad i beidio rhwyfo ar brydiau i weld a fyddai pethau'n tawelu. Yn nhywyllwch y nos yn arbennig, gwyddem nad oedd hi'n saff dal ati. Petasai un ohonom yn cael ei golchi i'r môr yn y nos, fyddai dim gobaith gweld affliw o ddim i'n cynorthwyo i'w hachub.

Roedd gorfod gorffwys ar y para-angor mor agos i'r llinell derfyn yn ein cythruddo. Ond pan gododd ton wyllt a tharo Sarah yn galed yn erbyn yr ochr, gwyddem o fewn eiliadau nad oedd dim dewis ganddon ni bellach. Sgrechiodd Sarah mewn poen wrth i'w hasennau gymryd y gnoc. O weld y cleisiau a ymddangosodd arni o fewn oriau, edrychai'n debygol ei bod wedi cracio asen neu ddwy. A hyd yn oed petai ganddi'r hyder i geisio ailddechrau rhwyfo, fyddai hi ddim wedi medru gwneud hynny oherwydd y boen. Doedd dim amdani ond gadael i Sarah orffwyso a'i bwydo â chyffuriau lladd poen yn y caban a bod Fiona, Jo a minnau'n rhwyfo am ddwy awr a gorffwyso am awr, am yn ail. Ar ôl deg wythnos o ddiffyg cwsg, rhwyfo deuddeg awr y dydd a phrinder bwyd maethlon, roedd y drefn newydd yn lladdfa. Roedd gwynt iasol y de yn parhau i ddilyn pob ton a olchai drosom, gan ein fferru hyd at fêr ein hesgyrn. Doedd dim amser yn ystod awr o egwyl i sychu, heb sôn am gynhesu a gorffwyso. Roedd yr halen yn drwch ar fy nghroen gan nad oeddwn yn ceisio 'molchi yn ystod egwyl bellach. Mewn ymdrech i gynhesu, roedd hi'n demtasiwn i orffwys yn y caban blaen efo Sarah, a'i gallu i belydru gwres bellach yn fantais. Ond a hithau'n methu symud oherwydd poen annioddefol, doedd hi ddim yn deg ymwthio i mewn i'w chaban yn ystod pob egwyl chwaith.

Gan fy mod i'n wlyb bedair awr ar hugain y dydd, a heb fod â'r nerth i olchi'r halen i ffwrdd, dechreuodd croen fy mhen-ôl dorri unwaith eto. Ac wrth i'r halen dreiddio i'r briwiau, ailddechreuodd y llosgi poenus.

Efo llai na dau gan milltir i fynd, unwaith eto fe wnaethon ni dreulio oriau'n eistedd ar y para-angor, ond er hynny gwthiwyd ni'n ôl bedair milltir ar ddeg mewn tywydd enbyd o arw. Roedd pethau'n gwaethygu yn lle gwella, a'r pedair ohonom yn cael ein caethiwo unwaith eto. Ond wrth i'r tywydd barhau i waethygu, dechreuodd Jo a minnau, oedd yn rhannu'r caban blaen, bryderu am ein diogelwch. Roedd y para-angor bob amser yn cael ei glymu wrth afaelfach ar y caban blaen. Yn ystod y cyfarfodydd diogelwch cyn cychwyn yn Awstralia, ac yn La Gomera hefyd, cawsom ein rhybuddio, os byddai'r gwynt yn codi'n uwch na 40 not, y byddai perygl i'r gafaelfach a tho'r caban gael eu rhwygo i ffwrdd wrth i bwysau'r para-angor gael eu tynnu yn erbyn y gwynt. Roedd hefyd yn cynyddu'r perygl y byddai'r cwch yn troi drosodd yn gyfan gwbl wrth i'r para-angor weithredu fel colyn. Roedd dau o'r cychod eraill eisoes wedi troi 360° mewn tywydd garw, ac roedden ni am osgoi hynny ar bob cyfri. Wrth orwedd yn y caban yn gwrando ar y sŵn a methu cysgu, dechreuodd Jo a minnau bryderu mai dyna fyddai'n digwydd i ni. Medrem glywed sŵn y rhaff yn tynnu yn erbyn y gafaelfach yn mynd yn uwch ac yn uwch.

Er nad oedden ni am gael ein gwthio'n ôl fymryn pellach, daethom i'r penderfyniad nad oedd hi'n ddiogel i ni eistedd ar y para-angor ddim mwy. Yn nhywyllwch y nos, mentrodd y ddwy ohonom allan ar y dec i'w dynnu i mewn. Roedd esgidiau Jo wedi cael eu golchi i'r môr gan un o'r tonnau uchel rai dyddiau ynghynt, ac felly roedd hi'n llithro i bob cyfeiriad wrth sefyll yn droednoeth ar y dec. Roedd pwysau'r para-angor yn drymach nag erioed, a'r rhaff yn cael ei rhwygo drwy'n dwylo ar bob cyfle. Roedd y gwynt yn sgrechian yn ein clustiau, a phob ton fel petai'n ysu am ein taflu i ddyfnder y môr.

Roedd gen i dortsh ar fy mhen, a gwnes y camgymeriad o edrych i fyny tua'r nen a gweld llinell wen yn disgleirio fel arian uwch fy mhen lle roedd ton yn torri. Newidiais gyfeiriad fy mhen yn sydyn mewn arswyd. Doeddwn i ddim am edrych i fyny eto, dim ond cadw'r golau ar fy nwylo a chanolbwyntio ar dynnu'r rhaff, fodfedd wrth fodfedd.

Drwy ymdrechion y ddwy ohonom, o'r diwedd fe lwyddon ni i dynnu'r para-angor i mewn cyn diflannu mewn amrantiad yn ôl i ddiogelwch cymharol y caban a'm calon yn curo fel drwm. Roedden ni'n wlyb diferol ac yn gweddïo na fydden ni'n colli milltiroedd lawer o'r ras.

Er bod Jo yn gymar da i rannu caban, yn fach ac yn feddylgar, doedd dim modd cael cwsg. Roedd y lleithder, y diffyg awyr iach a'r sŵn y tu allan yn gwneud cwsg yn amhosib. Lle bu'r golau mordwyo ar do'r caban cyn iddo gael ei rwygo i ffwrdd, roedd yna bellach dwll a adawai i ddŵr y môr ddiferu i mewn. Roedd popeth, gan gynnwys ein sachau cysgu, yn wlyb diferol. A ninnau'n dyheu am awyr iach i'w hanadlu, doedd dim dewis ond agor yr hatsh yn gilagored o dro i dro, a diodde'r cawodydd rheolaidd o ddŵr a olchai dros ein hwynebau wrth i don ar ôl ton lifo i mewn. Diolch byth fod Jo yn gwmni da'r dyddiau hynny. Byddai'r tawelwch yn ei chwmni pan nad oedd dim i'w ddweud yn rhywbeth i'w groesawu, a'r sgwrs yn ddifyr pan godai'r awydd i siarad. Seliodd y profiad ein cyfeillgarwch, ac erbyn i'r hunllef ddirwyn i ben, roedd hi'n fy adnabod yn well na neb.

Credaf mai Jo oedd yr aelod mwyaf cyson ar hyd y fordaith. Byddai bob amser rai munudau'n gynnar ar gyfer ei shifft, munudau oedd yn werthfawr fel aur, ac yn fodlon aberthu ei siocled i ni'r tair arall yn reit aml. Yr unig arwydd fod Jo yn teimlo'n isel oedd ei gweld yn gwisgo mascara. Roedd gwisgo mascara'n rhoi rhyw hwb fach iddi, hwb a sicrhaodd na fu hi yn ei dagrau o gwbl. Roedd hyn yn gamp aruthrol o gysidro ein sefyllfa, er bod 'three cries and you're out' wedi bod yn un o'n mantra ar y daith.

Ychydig ddyddiau'n gynharach roedd Dad, Mam a Gles wedi hedfan allan i Mauritius i'm croesawu. Unwaith eto, roedd hi wedi bod yn amhosib trefnu'r amseriad yn iawn. Pryderwn y tro hwn y byddai'r tri wedi hedfan yn ôl adre tra bydden ni wedi ein hyrddio gannoedd o filltiroedd uwchlaw Mauritius.

Ofer fu ein hymdrechion i rwyfo tua'r gorllewin. Am bob ugain milltir y teithiem i'r gorllewin, fe fydden ni'n colli wyth milltir i'r gogledd. Roedd cyrraedd y llinell derfyn oddi ar Mauritius yn anoddach hyd yn oed na chyrraedd yr un yn Antigua gan fod nifer o ynysoedd bach creigiog o amgylch y brif ynys. Y peth gwaethaf fedrai ddigwydd i ni oedd cael ein gwthio i'r gogledd. Roedd Tidetech yn ceisio ein sicrhau y bydden ni'n gallu rhwyfo yn ôl i lawr i'r de wrth agosáu at y lan. Ond arbenigwyr ar hwylio oedden nhw, a doedd dim posib esbonio iddynt na fyddai rhwyfo efo pŵer o ddwy not yr awr i'r de yn llwyddo yn erbyn gwynt o 40 not oedd yn ein gwthio i'r gogledd.

Yr oedd ein hysbryd ar *Pura Vida* yn is nag y bu o gwbl wrth i ni sylweddoli na fydden ni'n llwyddo i groesi llinell derfyn anweledig ras Woodvale. Roedd Sarah yn dal mewn poen enbyd ac yn methu symud yn y caban, a'r tair arall ohonom yn dal i ymdrechu i barhau â'r awr o egwyl am bob dwy awr o rwyfo. Roedd hi'n annioddefol gweld Sarah, a fu mor hwyliog gydol y daith, mor isel bellach yn ei phoenau. I ychwanegu at y dioddefaint, doedd ganddon ni ddim nwy ar ôl. Roedd dau o'r cynwysyddion nwy yn ddiffygiol, ac felly doedd dim diod na bwyd poeth i'n cynhesu yng nghanol y tywydd oer melltigedig. Roedd hi'n sefyllfa druenus a dim arwydd fod y tywydd yn mynd i wella'r wythnos ganlynol.

Am gyfnod fe wnaethon ni ystyried eistedd ar y para-angor am wythnos arall er mwyn ceisio cywiro'n cyfeiriad mewn tywydd mwy llonydd. Beth fyddai un wythnos ychwanegol ar ôl un wythnos ar ddeg? Ond mewn gwirionedd, gwyddem na fedren ni wneud hynny. Roedd rhieni Jo, mam Sarah a ffrind Fiona efo Mam, Dad a Gles yn aros amdanom ym Mauritius, a doedd dim disgwyl iddyn nhw aros yno'n ddiddiwedd. Unwaith eto roedd yn rhaid addasu ein disgwyliadau. Doedd lle ar y podiwm ddim yn bwysig bellach o'i gymharu â chael deffro o'r hunllef hon.

Doedd dim amdani ond anelu am linell hydred 57° 37' 30", a fyddai'n rhoi record y byd i ni, ond dim safle yn y ras. Doedd yr un criw o ferched erioed wedi rhwyfo Cefnfor India o'r blaen, a thrwy groesi ar draws y llinell hydred honno fe fydden ni'n gosod record byd. Gwyddwn fod y pedair ohonom wedi rhoi popeth fedren ni i'r ymdrech, ac wedi llwyddo i oroesi amodau anodd iawn. Fedrwn i ddim fod wedi breuddwydio am gael bod yn rhan o dîm mor benderfynol a hwyliog petawn i wedi cydweithio efo nhw am flynyddoedd yn paratoi ar gyfer y daith. Roedd y fenter wedi bod yn llwyddiant ysgubol yn hynny o beth, ac wedi casglu bron i £20,000 at yr elusen. Braint oedd cael bod yn un o Angylion y Cefnfor. Ac roedd y *Pura Vida* wedi gwireddu ystyr ei enw. Bydd pobl Costa Rica'n defnyddio'r ymadrodd 'Pura Vida' i gyfleu athroniaeth cymuned gref: dyfalbarhad, gwytnwch wrth wynebu anawsterau – a hynny mewn ysbryd llawen, gan fwynhau bywyd yn bwyllog a dathlu lwc dda, boed yn lwc fawr neu fach.

Wrth weld y rhifau ar y GPS yn cyhoeddi ein safle a'n record byd, doedd yna ddim i'w ddathlu. Roedd y fordaith wedi cymryd 78 diwrnod, 15 awr a 54 munud; roedd wedi bod yn brofiad heb ei ail, ond doedd dim amdani bellach ond ffonio Woodvale, trefnwyr y ras, i ofyn am gymorth i rwyfo'r chwe milltir i'r de er mwyn cyrraedd Mauritius. Ar ôl 3,339 o filltiroedd roedden ni wedi cael ein curo gan gyn lleied â chwe milltir! Chwe milltir! Roedd y peth yn chwerthinllyd. Yn boenus o chwerthinllyd. Ond doedd yna ddim dadlau efo natur am y peth! Ni fyddai unrhyw ddagrau neu bledio wedi gwneud dim gwahaniaeth yn y gwynt mawr hwnnw. Nid dyna'r diwedd yr oedd yr un ohonom wedi'i rag-weld na'i ddymuno. Ond wrth i ni gael cymorth bad achub i'n tynnu'n gyflym tuag at y clwb hwylio, roedd y rhyddhad fod y daith ar ben i'w weld yn amlwg ar wynebau pawb, a mwynheais am y tro olaf y profiad o gael tonnau mawr yn golchi drosta i. Gwyddwn y byddai moethusrwydd cawod boeth, dillad sych, gwely clyd a phaned boeth o goffi i'w cael yn fuan iawn. Heb sôn am gael cofleidio teulu.

Buom yn aros am oriau am y bad achub, ac er mor annioddefol oedd yr aros i ni, roedd yn siŵr o fod yn anoddach lawer i bawb oedd yn disgwyl yn amyneddgar amdanom yng Nghlwb Hwylio Mauritius. Roedd hi'n dri o'r gloch y bore pan ddaeth golau'r clwb i'r golwg, a lleisiau'n cefnogwyr i'w clywed yn y tywyllwch. Disgleiriai gwreichion tân gwyllt fry yn yr awyr i'n croesawu.

'Anti Elin!' oedd un o'r cyfarchion cyntaf a glywais wrth agosáu at yr harbwr, a fedrwn i ddim credu fy llygaid wrth weld Ilan Aled a Sara Fflur, plant Gles, allan yno hefyd ar ynys Mauritius am dri o'r gloch y bore yn fy nghroesawu. Roedd o'n syrpréis anhygoel, a'r cofleidio a ddilynodd yn ddiddiwedd. Roeddwn yn eithriadol o falch eu bod nhw yno. Yr unig siom o lanio'r tro hwn oedd bod fy ffrind Sera wedi gorfod hedfan adre ddiwrnod ynghynt. Y fi oedd fymryn yn rhy hwyr y tro yma.

Teg edrych tuag adre

The trouble with the rat race is that even if you win,
you are still a rat.
Lily Tomlin

We shall not cease from exploration,
And the end of all our exploring
Will be to arrive where we started,
And to know the place for the first time.
T. S. Eliot

Ychydig dros wyth awr a deugain yn ddiweddarach roeddwn yn hedfan yn ôl am adre i Gymru fach. Roedd Gles wedi archebu tocyn i mi gael hedfan yn ôl efo nhw, ac roeddwn i'n ddiolchgar iawn fy mod i'n medru teithio efo nhw wedi'r pryder na fyddwn i'n cyrraedd mewn pryd i ddal yr awyren yr oeddwn wedi archebu sedd arni. Ond yn anffodus, daeth y diwedd mor sydyn fel na chefais unrhyw gyfle i weld Mauritius.

Teimlwn yn chwithig nad oedd Nain yn aros amdanaf y tro hwn, ond roedd cael bod yn ôl yng Nglan Tegid yn foethusrwydd llwyr. Er nad yno y'm magwyd, roedd yr holl atgofion am Taid a Nain yn gwneud popeth yn gyffyrddus o gyfarwydd ac yn sicrwydd fod popeth yn dal yr un fath, a dim wedi newid ers pan adewais.

Roedd hi'n rhyddhad enfawr i bawb nad pedair wythnos yn ddiweddarach fyddwn i'n glanio ym Mauritius. Byddai wedi bod yn amhosib disgwyl i neb golli'r Eisteddfod Genedlaethol yn y Bala i fynd i'm croesawu yno. Er gwaethaf yr haf gwlyb, tywynnodd yr haul ar yr Ŵyl, a bu'n llwyddiant mawr.

Roedd Glan Tegid fel ffair wyllt drwy'r wythnos efo Anti Nia a'r trŵps i gyd, ynghyd â ffrindiau i mi, yn aros efo ni. Gyda thair carafán y tu allan i'r tŷ, roedd pedwar oedolyn ar ddeg a thri o blant yn aros am yr wythnos. Fedrwn i ddim fod wedi cael cymaint o newid byd o dawelwch *Pura Vida* a'i griw o bedair.

Diolchais fod fy ffrind Esther Eckley yn un o'r rhai oedd yn aros efo ni, ac yn gwmni i mi gael dianc o'r prysurdeb am dawelwch ac awyr iach ar y beic neu drwy redeg. Cefais gyfle unwaith eto i werthfawrogi harddwch Llyn Tegid a'r Arennig yn y pellter.

Yng nghanol yr holl griw, roedd hi'n dipyn o lwc i mi gael cwrdd â'r Prifardd Aled Gwyn yn ymlacio yn un o dafarndai'r dre. O fewn munudau i'm cyfarfod a chlywed hanes yr antur, cyfansoddodd Aled englyn amdanaf. Ac er iddo fynnu nad yw'n hollol gywir yn farddonol (faswn i ddim wedi sylwi), roeddwn i wedi gwirioni ac yn llawn edmygedd ohono am iddo lwyddo i esbonio'n gryno'r hyn roedd y môr yn ei olygu i mi bellach. Roedd Aled wedi deall yn berffaith:

> Un lawen yw Elin Haf – yn ei mêr
> Mae y moroedd garwaf,
> Un olau, y goreuaf,
> Rhwyfwraig yr aig, lodes braf.

Un cwestiwn a glywn yn aml wedi taith Cefnfor India oedd, 'Wyt ti wedi llwyddo i'w gael o allan o dy system erbyn hyn?' Y gwir ateb, mae'n debyg, yw ei fod o'n rhan o'm henaid i bellach. Dwi ond yn edifar na ddechreuais fentro ar anturiaethau tebyg pan oeddwn i'n iau.

Yn ôl Ofcom, yn 2008 gwyliodd mwyafrif pobl Prydain 3 awr a 45 munud o deledu bob dydd. Er bod Nain wedi codi'r disgwyliadau, os gwna i lwyddo i fyw tan fydda i'n 81 oed, fel y mwyafrif o ferched, mae'n debygol y byddaf yn treulio un mlynedd ar ddeg yn gwylio'r teledu. Ac yn ôl llyfr gan y niwro-wyddonydd David Eagleman, mae'n debyg y byddaf hefyd yn treulio chwe diwrnod yn torri fy ewinedd, pymtheg mis yn chwilio am wahanol bethau, deunaw mis yn sefyll mewn ciw, tri deg pedwar diwrnod yn dyheu, a phedair wythnos yn eistedd adref yn myfyrio a oes yna rywbeth gwell y medrwn fod yn ei wneud efo f'amser! Mae edrych ar wybodaeth fel yma yn ei gwneud yn hawdd cyfiawnhau treulio dwy wythnos ar hugain yn rhwyfo moroedd y byd, yn fuddsoddiad da o amser, hyd yn oed.

Ond yn rhy fuan o lawer, dechreuodd atgofion yr antur o rwyfo Cefnfor India bylu, a dechreuodd y cynnwrf cynnar am yr hyn roeddwn wedi'i gyflawni deimlo'n ddiwerth.

Gall setlo'n ôl yn yr hen rigolau fod yn rhywbeth cartrefol a chyffyrddus. Ond gall hefyd fod yn brofiad digalon dros ben. Roedd amser yn prysur ddiflannu, ac ar wahân i'r creithiau ar fy mhen-ôl a'r ddyled enfawr yn y banc, doedd dim arwydd o'r profiad cyfoethog roeddwn wedi'i gael. Roeddwn yn dlotach yn ariannol nag y bûm erioed, ond eto'n teimlo'n gyfoethog yn ysbrydol, diolch i'r profiad unigryw a ddaeth i'm rhan. Ond doedd dim yn ôl ar dir sych i adlewyrchu hynny, a dim yn cymharu chwaith. Roeddwn yn ddibynnol ar Gles fy chwaer am ddillad ac arian am blwc, a hithau, fel pob tro arall, yn disgleirio yn ei chefnogaeth fel chwaer fawr. Mae Gles yn angor dibynadwy, ond roeddwn i'n casáu gorfod bod yn ddibynnol arni. Roedd cwmwl du o hunandosturi'n hofran uwch fy mhen, ac roeddwn yn casáu teimlo felly. Roeddwn yn ysu am gael nod a fyddai'n dod â gwerth a phwrpas i'm diwrnod unwaith eto.

Roedd teithio i'r coleg yn Llundain ac eistedd wrth ddesg o naw tan bump wrth geisio gwneud pen a chynffon o'm doethuriaeth yn sugno pob owns o fywyd allan ohonof. Teimlai'r corff yn aflonydd a'r ymennydd yn ddiffygiol wrth i mi ymdrechu i gyfarwyddo efo bywyd o flaen sgrin y cyfrifiadur eto. Roedd yr ysfa gynt am yrfa lewyrchus yn ymddangos yn ddibwys o'i chymharu â phrofi anturiaethau a gweld natur ar ei gorau – ac ar ei gwaethaf! Doedd dim ar dir sych yn cymharu efo'r antur o fod allan ar y tonnau gwyllt, a'r adrenalin a ddaw yn ei sgil. Ond bendith, nid melltith, yw bod yn gaeth i'w wefr. Yr unig felltith yw methu esbonio a chyfiawnhau hynny mewn geiriau syml.

Ciliodd holl brysurdeb y croesawu adref, a dychwelodd bywyd pawb o'm cwmpas yn ôl i'w drefn arferol, a neb â llawer o ddiddordeb bellach mewn gwrando ar yr un hen stori rwyfo drosodd a throsodd. Roeddwn i'n gwybod ei bod hi'n bryd i minnau symud ymlaen. Ond roedd hynny'n anodd, yn wir bron yn amhosib am fod maint a dyfnder yr antur yn dal yn fyw yn fy meddwl bob eiliad o bob dydd.

Darllenais hen gyfweliad efo un o'r gofodwyr oedd wedi cerdded ar y lleuad. Gofynnwyd iddo sut oedd o'n ymdopi efo'r 'splashdown' ar ôl yr antur. 'No matter what tomorrow brings,' meddai, 'nothing can ever compare or live up to the experience from my journey.' Ac er nad oeddwn i wedi mynd i unlle a allai gymharu â'i 'Baradwys Fôr' ef, roeddwn yn deall yn union be oedd o'n feddwl. Mae llawer o anturiaethwyr eraill yn cydnabod yr un teimladau hefyd, 'holiday blues' ar raddfa eithafol. Ac er i mi ymdrechu yn amyneddgar i ymgyfarwyddo â bywyd arferol unwaith eto, fedra i ddim peidio breuddwydio am antur arall.

Teimlaf fy mod wedi dechrau dod i ddeall fy hunan yn well a gwn bellach fy mod ar fy ngorau pan fydd gen i lwyth o bethau i'w gwneud. Mwya'n y byd o bwysau, gorau i gyd. Mae gen i duedd i fod yn ddiog, a'r unig ffordd i mi osgoi troi'n 'daten soffa' a fyddai'n gwneud dim ond gwylio'r byd yn carlamu heibio yw gosod nod ar ôl nod i anelu ato. Mater o ofyn beth, ac nid os, fydd her arall felly.

Dri mis ar ôl glanio ym Mauritius cefais y gydnabyddiaeth fwyaf posib o dderbyn anrhydedd gan Gynulliad Cymru. Ar ôl cario baner y Ddraig Goch ar draws

5,691 o filltiroedd môr, a hynny'n cyfateb i chwarter y ffordd o gwmpas y byd, bron, roeddwn i wrth fy modd. Yr oedd fy anturiaethau ar hyd y blynyddoedd wedi casglu ymron i £250,00 at elusennau. Yng nghanol harddwch Plas Glynllifon cefais y fraint o gyfarfod â'r Prif Weinidog, Rhodri Morgan, a derbyn ffiol risial Gymreig wedi'i hysgythru.

Cafodd Dad, Mam a Gles ddod efo fi'n gwmni, ac roeddwn i'n falch iawn eu bod nhw'n rhan o'r achlysur. Yr oedd y wobr yn gymaint iddynt hwythau ag i mi am eu cariad a'u gofid, sy'n rhan ddiddiwedd o'm hanturiaethau. Gwyddwn eu bod nhw'n falch o'r hyn roeddwn i wedi'i gyflawni, er y byddai Mam yr un mor falch petawn i'n llwyddo i setlo i lawr a dechrau magu teulu! Rhannu profiadau efo teulu a ffrindiau sy'n gwneud bywyd yn arbennig, ac wrth fentro mynd ar fy anturiaethau, gwn fy mod i'n freintiedig iawn o gael teulu a ffrindiau triw i'm cefnogi ar hyd y daith.

> *You are never too old to set another goal*
> *or to dream a new dream.*
> C. S. Lewis

> *Not all who wander are lost.*
> J. R. R. Tolkein